Aufspiessen, dippen und knabbern

Blättern Sie schnell weiter. In diesem Kapitel gibt es so viele einfache, aber raffinierte Ideen für Ihren Apéro zu entdecken!

Hackbällchen vom Blech

15 Min. + 20 Min. backen

Ergibt ca. 20 Stück

1	**Scheibe Toastbrot**
2 EL	**Milch**
1	**Zwiebel**
3	**Zweiglein Petersilie**
400 g	**Hackfleisch** (Rind und Schwein)
1 EL	**Senf**
¼ TL	**Edelsüss-Paprika**
½ TL	**Salz**
1 EL	**Olivenöl**

Ofen auf 220 Grad vorheizen.
Toastbrot zerzupfen, mit der Milch mischen. Zwieb schälen, fein hacken, Petersilie fein schneiden, beides beigeben. Hackfleisch, Senf, Paprika und Salz d untermischen, von Hand gut kneten, bis sich die Zutaten zu einer kompakten Masse verbinden. Mas mit nassen Händen zu ca. 20 Bällchen formen, auf einem mit Backpapier belegten Blech verteilen. Bä chen mit dem Öl bestreichen.

Backen: ca. 20 Min. in der Mitte des Ofens, dabei Bällchen einmal wenden.

Stück: 47 kcal, F 3 g, Kh 1 g, E 4 g

Aprikosen-Chutney

35 Min. **vegetarisch** **glutenfrei** **laktosefrei**

Ergibt ca. 3 dl

1	**Zwiebel**
1	**Knoblauchzehe**
250 g	**tiefgekühlte Aprikosen,** angetaut
1 EL	**Weissweinessig**
1 EL	**flüssiger Honig**
½ TL	**Sambal Oelek**
¼ TL	**Salz**
2	**Zweiglein Petersilie**

Zwiebel und Knoblauch schälen, fein hacken, beides mit den Aprikosen, dem Essig, dem Honig, dem Sambal Oelek und dem Salz in einer kleinen Pfanne mischen, aufkochen. Zugedeckt bei kleiner Hitze ca. 15 Min. köcheln, grob pürieren, auskühlen. Petersilie fein schneiden, daruntermischen.

Lässt sich vorbereiten: Chutney ca. 1 Tag im Voraus zubereiten, zugedeckt im Kühlschrank aufbewahren.

Portion: 53 kcal, F 0 g, Kh 11 g, E 1 g

Einladung zum Apéro

Lieben Sie feine Häppchen zu einem Glas auch so sehr wie wir? Dann laden wir Sie herzlich ein zu einem Apéro mit über 130 neuen Kleinigkeiten zum Schwelgen!

Sie dürfen knabbern, aufspiessen und dippen. Aufgabeln und auslöffeln. Backen und teilen. Füllen und belegen … Hier finden Sie eine riesige Auswahl an feinsten Apéro-Häppchen und köstlichem Fingerfood.

Sie wählen eine, zwei oder sogar drei Ideen für Ihren Apéro. Oder servieren Sie statt eines Nachtessens mehrere Häppchen: Apéro dinatoire, so heisst diese entspannte Einladung, denn Sie können alles bequem vorbereiten.

Cheers, auf genüssliche Stunden mit Ihren Lieben!

Ihr Betty Bossi Team

Herausgegeben von der Betty Bossi AG, Postfach, 8021 Zürich.

Inhalt

Pouletbällchen

15 Min. + 20 Min. backen **laktosefrei**

Ergibt ca. 24 Stück

600 g	**Hackfleisch** (Poulet)	Ofen auf 220 Grad vorheizen.
50 g	**Cornflakes**	Hackfleisch, Cornflakes, Ei, Sesam, Curry und Salz in einer Schüssel mischen, bis sich die Zutaten zu einer kompakten Masse verbinden. Masse mit nassen Händen zu ca. 24 Bällchen formen, auf ein mit Backpapier belegtes Blech legen. Bällchen mit dem Öl bestreichen.
1	**Ei**	
2 TL	**Sesam**	
2 TL	**mildes Curry**	
¾ TL	**Salz**	
1 EL	**geröstetes Sesamöl**	

Backen: ca. 20 Min. in der Mitte des Ofens.

Tipp: Die Bällchen können anschliessend bei 60 Grad bis zu 30 Min. im Ofen warm gehalten werden.

Stück: 56 kcal, F 3 g, Kh 2 g, E 5 g

Sesam-Dip

5 Min. **vegetarisch** **glutenfrei**

Ergibt ca. 2½ dl

250 g	**Halbfettquark**	Quark glatt rühren, in ein Schälchen geben. Limette heiss abspülen, trocken tupfen, wenig Schale darüberreiben, 1 TL Saft darüberpressen, Sesam darüberstreuen, mischen.
1	**Limette**	
2 TL	**Sesam**	

Portion: 76 kcal, F 4 g, Kh 3 g, E 7 g

Falafel-Spiessli

10 Min. + 12 Min. backen | **vegan** | **glutenfrei** | **laktosefrei**

Ergibt ca. 12 Stück

200 g Falafel nature (Karma)
½ **Melone** (z. B. Charentais)
12 Pfefferminzblätter
12 Holzspiesschen

Falafel nach Angabe auf der Verpackung backen. Melone entkernen, schälen, in ca. 12 Stücke schneiden. Falafel, Melone und Pfefferminze an die Spiesschen stecken.

Tipp: Statt Falafel nature Falafel mit Randen (Beetroot), Falafel mit Kürbis (Pumpkin) oder Falafel mit Spinat (Spinach) verwenden.

Stück: 43 kcal, F 2 g, Kh 4 g, E 1 g

Harissa-Dip

5 Min. | **vegetarisch** | **glutenfrei**

Ergibt ca. 2 dl

200 g saurer Halbrahm
¼ TL **Harissa** (siehe Hinweise)
1 TL Olivenöl
2 TL Dukkah (siehe Hinweise)

Sauren Halbrahm glatt rühren, in ein Schälchen geben. Harissa und Öl mischen, darauf verteilen, Dukkah darüberstreuen.

Hinweise: Harissa ist eine scharfe nordafrikanische Würzpaste. Dukkah ist eine afrikanisch-orientalische Nuss-Gewürz-Mischung. Beides ist in grösseren Coop Supermärkten erhältlich.

Portion: 98 kcal, F 10 g, Kh 2 g, E 2 g

Pouletspiessli

10 Min. + 20 Min. backen · **glutenfrei** · **laktosefrei**

Ergibt 12 Stück

12	**Pouletbrust-Innenfilets** (ca. 500 g)	Ofen auf 200 Grad vorheizen. Poulet wellenförmig an die Spiesschen stecken, auf ein mit Backpapier belegtes Blech legen. Spiessli mit dem Öl bestreichen.
12	**Holzspiesschen**	
1 EL	**Olivenöl**	
1 EL	**flüssiger Honig**	**Backen:** ca. 10 Min. in der Mitte des Ofens. Herausnehmen, Honig, Öl und Salz mischen, Poulet damit bestreichen. Kokosraspel darüberstreuen, ca. 10 Min. fertig backen.
1 EL	**Olivenöl**	
½ TL	**Salz**	
2 EL	**Kokosraspel**	

Stück: 75 kcal, F 3 g, Kh 1 g, E 10 g

Hot Mango Salsa

20 Min. · **laktosefrei**

Ergibt ca. 3 dl

1	**Mango** (ca. 400 g)	Mango schälen, ¼ der Mango in Würfeli schneiden. Rest in Stücke schneiden, in eine kleine Pfanne geben. Chili entkernen, fein hacken. Chili, Currypaste und Bouillon in die Pfanne geben, unter gelegentlichem Rühren bei mittlerer Hitze ca. 10 Min. kochen, pürieren. Mangowürfeli daruntermischen.
1	**roter Chili**	
1 EL	**gelbe Currypaste**	
1 dl	**Hühnerbouillon**	

Portion: 58 kcal, F 1 g, Kh 12 g, E 1 g

TIPP

Lässt sich vorbereiten

Salsa ca. 1 Tag im Voraus zubereiten, auskühlen, zugedeckt im Kühlschrank aufbewahren.

Süsskartoffel-Fritters

10 Min. + 10 Min. backen **glutenfrei** **laktosefrei**

Apéro für 4 Personen

2	**Süsskartoffeln** (je ca. 150 g)	Ofen auf 220 Grad vorheizen.
½ EL	**Olivenöl**	Süsskartoffeln schälen, längs in ca. 1 cm dicke Stänge schneiden, mit Öl, Salz und Pfeffer mischen. Speck halbieren, Süsskartoffelstängel damit umwickeln, au einem mit Backpapier belegten Blech verteilen.
¼ TL	**Salz**	
wenig	**Pfeffer**	
12	**Tranchen Bratspeck** (ca. 140 g)	

Backen: ca. 10 Min. in der Mitte des Ofens.

Lässt sich vorbereiten: Süsskartoffeln ca. ½ Tag im Voraus vorbereiten, zugedeckt im Kühlschrank aufbewahren. Kurz vor dem Servieren backen.

Portion: 183 kcal, F 11 g, Kh 13 g, E 8 g

Peppadew-Dip

5 Min. **vegetarisch** **glutenfrei**

Ergibt ca. 2½ dl

30 g	**wilde Paprika aus dem Glas** (Peppadews, siehe Hinweis)	Peppadews grob hacken, Koriander grob schneiden, beides mit dem sauren Halbrahm verrühren, salzen.
3	**Zweiglein Koriander**	
200 g	**saurer Halbrahm**	
2 Prisen	**Salz**	

Hinweis: Peppadews sehen aus wie eine Kreuzung aus Mini-Peperoni und Cherry-Tomaten. Sie schmecken süss-fruchtig und zugleich pfeffrig. Sie sind in grösseren Coop Supermärkten erhältlich.

Portion: 97 kcal, F 8 g, Kh 4 g, E 2 g

Chorizo-Crevetten-Spiessli

10 Min. + 8 Min. backen · **glutenfrei**

Ergibt ca. 24 Stück

200 g	**Chorizo**	Ofen auf 200 Grad vorheizen.
400 g	**geschälte rohe Crevettenschwänze** (Bio, ca. 24 Stück)	Chorizo in ca. 24 gleich dicke Scheiben schneiden, mit den Crevetten an die Spiesschen stecken. Spiessli auf ein mit Backpapier belegtes Blech legen. Öl, Salz und Pfeffer mischen, Crevetten damit bestreichen.
24	**Holzspiesschen**	
2 EL	**Olivenöl**	
½ TL	**Salz**	
wenig	**Pfeffer**	

Backen: ca. 8 Min. in der Mitte des Ofens.

Stück: 52 kcal, F 3 g, Kh 0 g, E 5 g

Safran-Dip

5 Min. · **vegetarisch** · **glutenfrei**

Ergibt ca. 2 dl

150 g	**Rahmquark**	Quark, Mayonnaise, Safran und Safranfäden verrühren, salzen.
3 EL	**Mayonnaise**	
1	**Briefchen Safran**	
einige	**Safranfäden**	
2 Prisen	**Fleur de Sel**	

Lässt sich vorbereiten: Dip ca. ½ Tag im Voraus zubereiten, zugedeckt im Kühlschrank aufbewahren.

Portion: 159 kcal, F 16 g, Kh 1 g, E 3 g

Mini-Köfte

15 Min. + 20 Min. backen **laktosefrei**

Ergibt 20 Stück

½ Bund	**glattblättrige Petersilie**	Ofen auf 220 Grad vorheizen.
1	**Knoblauchzehe**	Petersilie fein schneiden, Knoblauch pressen, beides in eine Schüssel geben. Hackfleisch, Ei, Couscous, Sultaninen, Dukkah und Salz beigeben, mischen, von Hand gut kneten, bis sich die Zutaten zu einer kompakten Masse verbinden. Masse mit nassen Händen in 20 Portionen teilen, diese oval formen, an die Spiesschen stecken, auf ein mit Backpapier belegtes Blech legen. Köfte mit dem Öl bestreichen.
600 g	**Hackfleisch** (z. B. Rind und Lamm)	
1	**Ei**	
2 EL	**Couscous**	
2 EL	**helle Sultaninen**	
3 TL	**Dukkah** (siehe Hinweis unten)	
¾ TL	**Salz**	
20	**Spiesschen**	
1 EL	**Olivenöl**	

Backen: ca. 20 Min. in der Mitte des Ofens, dabei Köfte einmal wenden.

Stück: 81 kcal, F 5 g, Kh 2 g, E 6 g

Joghurt-Dip

5 Min. **vegetarisch** **glutenfrei**

Ergibt ca. 1½ dl

150 g	**griechisches Joghurt nature**	Joghurt glatt rühren, in ein Schälchen geben. Von der Zitrone wenig Schale darüberreiben, 1 TL Saft darüberpressen, Dukkah darüberstreuen, mischen.
1	**Bio-Zitrone**	
1 TL	**Dukkah** (siehe Hinweis)	

Hinweis: Dukkah ist eine afrikanisch-orientalische Nuss-Gewürz-Mischung ägyptischer Herkunft. Erhältlich in grösseren Coop Supermärkten. Ersatz: Curry.

Portion: 45 kcal, F 4 g, Kh 2 g, E 1 g

Cervelat-Tortellini-Spiessli

10 Min. + 10 Min. backen

Ergibt ca. 24 Stück

2	**Cervelats**	Ofen auf 180 Grad vorheizen.
100 g	**Gruyère**	Cervelats schälen, in je ca. 12 Rugeli schneiden, auf ein mit Backpapier belegtes Blech legen. Käse in ca. 24 Würfel schneiden, mit den Tortellini an die Spiesschen und auf die Cervelat-Rugeli stecken. Öl darüberträufeln.
1 Päckli	**Frischteigwaren** (z. B. Tortellini mit Ricotta und Spinat, ca. 250 g)	
24	**Holzspiesschen**	
1 EL	**Olivenöl**	
wenig	**Edelsüss-Paprika** oder Pfeffer	**Backen:** ca. 10 Min. in der Mitte des Ofens. Herausnehmen, würzen, warm servieren.

Stück: 69 kcal, F 4 g, Kh 5 g, E 4 g

TIPP

Lässt sich vorbereiten

Spiessli ca. ½ Tag im Voraus vorbereiten, zugedeckt im Kühlschrank aufbewahren. Kurz vor dem Servieren backen.

Speckfrüchte

10 Min. + 12 Min. backen **glutenfrei** **laktosefrei**

Apéro für 4 Personen

80 g Gruyère **12 entsteinte Datteln** **12 Tranchen Bratspeck** **12 Dörraprikosen**	Ofen auf 200 Grad vorheizen. Käse in ca. 12 Stücke schneiden, Datteln damit fülle Speck halbieren, Dörraprikosen und Datteln damit umwickeln, auf einem mit Backpapier belegten Blec verteilen.
	Backen: ca. 12 Min. in der Mitte des Ofens.

Portion: 366 kcal, F 14 g, Kh 40 g, E 14 g

TIPP

Lässt sich vorbereiten
Speckfrüchte ca. 1 Tag im Voraus vorbereiten, zugedeckt im Kühlschrank aufbewahren. Kurz vor dem Servieren backen.

Feta-Spiessli

15 Min. **vegetarisch** **glutenfrei**

Ergibt ca. 20 Stück

1	**Grapefruit**	Grapefruit heiss abspülen, trocken tupfen. Die Hälfte der Schale abreiben, beiseite stellen. Von der Grapefruit Boden und Deckel, dann Schale ringsum bis auf das Fruchtfleisch wegschneiden. Fruchtfilet (Schnitze) mit einem scharfen Messer zwischen den weissen Häutchen herausschneiden, dabei den Saf auffangen, Filets halbieren. Grapefruitsaft, Öl und Thymian mit der beiseite gestellten Grapefruitschale verrühren, würzen.
1 EL	**Rapsöl**	
1 TL	**Thymianblättchen**	
2 Prisen	**Fleur de Sel**	
wenig	**Pfeffer**	
1	**Avocado**	Avocado und Feta in je ca. 20 gleich grosse Stücke schneiden, mit den Grapefruitfilets an die Spiessche stecken, Sauce darüberträufeln.
200 g	**Feta**	
20	**Holzspiesschen**	

Stück: 49 kcal, F 4 g, Kh 1 g, E 2 g

TIPP

Variante

Statt Grapefruit 2 Orangen oder Blutorangen verwenden.

Melonenspiessli

10 Min. | glutenfrei | laktosefrei

Ergibt ca. 20 Stück

½ **Melone** (z. B. Galia) 5 **Zweiglein Basilikum** 150 g **Bündnerfleisch in Tranchen** 20 **Holzspiesschen**	Melone halbieren, entkernen, Schale wegschneide Melone in ca. 20 Stücke schneiden. Basilikumblätter abzupfen. Melone, Bündnerfleisch und Basilikum a die Spiesschen stecken.

Stück: 17 kcal, F 0 g, Kh 1 g, E 3 g

TIPP

Varianten

Statt Bündnerfleisch Mostbröckli, Bresaola oder Rohschinken verwenden. Statt Basilikum Salbei verwenden.

Bresaola-Käse-Spiessli

10 Min. glutenfrei laktosefrei

Ergibt ca. 20 Stück

100 g	**Pecorino** oder Sbrinz	Käse in ca. 20 Würfel schneiden, mit der Bresaola un[d] den Trauben an die Zahnstocher stecken.
150 g	**Bresaola in Tranchen**	
100 g	**Trauben**	
20	**Zahnstocher**	

Stück: 38 kcal, F 2 g, Kh 1 g, E 4 g

TIPP

Variante

Statt Pecorino und Bresaola Bergkäse und Bündnerfleisch verwenden.

Lässt sich vorbereiten

Spiessli ca. ½ Tag im Voraus zubereiten, zugedeckt im Kühlschrank aufbewahren.

Antipasti-Spiessli

15 Min. **glutenfrei**

Ergibt ca. 20 Stück

10	**getrocknete Tomaten in Öl**
1 TL	**Aceto balsamico**
2	**Basilikumblätter**
1 Beutel	**Mozzarella Mini** (ca. 285 g)
100 g	**Salami in Tranchen**
20	**Zahnstocher**

2 TL Öl der Tomaten mit dem Aceto verrühren, Basilikum fein schneiden, beigeben. Tomaten abtropfen, längs halbieren, mit dem Mozzarella und der Salami a die Zahnstocher stecken, mit dem Würzöl beträufeln.

Stück: 74 kcal, F 6 g, Kh 1 g, E 4 g

Gurken-Melonen-Spiessli

15 Min. | vegetarisch | glutenfrei

Ergibt ca. 20 Stück

½	**Gurke**
½	**Melone** (z. B. Charentais)
200 g	**Feta**
3	**Zweiglein Pfefferminze**
20	**Holzspiesschen**
2 TL	**flüssiger Honig**
wenig	**Pfeffer**

Gurke entkernen. Melone halbieren, entkernen, Scha entfernen. Gurke, Melone und Feta in je ca. 20 Stücke schneiden. Pfefferminzblätter abzupfen. Gurke, Melo ne, Feta und Pfefferminze an die Spiesschen stecken. Honig darüberträufeln, würzen.

Stück: 36 kcal, F 3 g, Kh 1 g, E 2 g

TIPP

Variante

Statt Charentais Galia- oder Wassermelone, Pfirsiche oder Aprikosen verwenden.

Gurkentaler mit Rauchlachs

10 Min. **glutenfrei**

Ergibt ca. 24 Stück

1	**Gurke**
125 g	**Doppelrahm-Frischkäse mit Meerrettich**
150 g	**geräucherter Lachs in Tranchen**
3	**Zweiglein Dill**
wenig	**Pfeffer**

Gurke nach Belieben schälen, in ca. 1 cm dicke Scheiben schneiden, mit dem Frischkäse bestreichen. Lachs in Stücke zupfen, Dill abzupfen, beides auf den Gurkenscheiben verteilen, würzen.

Stück: 37 kcal, F 3 g, Kh 0 g, E 2 g

TIPP

Variante

Statt geräucherten Lachs Graved-Lachs oder geräucherte Forelle verwenden.

Gemüse mit Ingwer-Dip

15 Min. · vegetarisch · glutenfrei

Für 8 Gläser von je ca. 1 dl

1	**Limette**	Limette heiss abspülen, trocken tupfen, wenig Schale abreiben, 1 EL Saft auspressen, beides in eine Schüssel geben. Ingwer fein dazureiben. Sauermilch und Mayonnaise beigeben, salzen, verrühren. Dip in die Gläser verteilen.
2 cm	**Ingwer**	
180 g	**Dessert Extrafin** (Sauermilch)	
3 EL	**Mayonnaise**	
2 Prisen	**Salz**	
1	**Fenchel**	Fenchel und Peperoni in Streifen schneiden, Rüebli schälen. Gemüse in die Gläser verteilen.
1	**rote Peperoni**	
8	**Bundrüebli mit wenig Grün**	

Portion: 108 kcal, F 8 g, Kh 6 g, E 2 g

TIPP

Lässt sich vorbereiten

Dip und Gemüse ca. ½ Tag im Voraus vorbereiten, separat zugedeckt im Kühlschrank aufbewahren. Kurz vor dem Servieren anrichten.

Croûton-Stangen mit Thonsauce

15 Min.

Apéro für 4 Personen

1 Dose	**Thon in Salzwasser** (MSC, ca. 100 g)	Thon abtropfen, zerzupfen, mit der Crème fraîche verrühren. Schnittlauch fein schneiden, Kapern gro[b] hacken, beides beigeben, würzen.
200 g	**Crème fraîche**	
1 Bund	**Schnittlauch**	
1 EL	**Kapern**	
¼ TL	**Edelsüss-Paprika**	
¼ TL	**Salz**	
100 g	**Brot**	Brot in Scheiben, dann in Stängel schneiden. Bratbutter in einer beschichteten Bratpfanne heiss werde[n] lassen. Brotstängel rundum ca. 4 Min. knusprig braten, würzen.
2 EL	**Bratbutter**	
wenig	**Edelsüss-Paprika**	
2 Prisen	**Salz**	

Portion: 303 kcal, F 23 g, Kh 14 g, E 10 g

TIPP

Lässt sich vorbereiten

Thonsauce und Croûton-Stangen ca. ½ Tag im Voraus zubereiten. Sauce zugedeckt im Kühlschrank aufbewahren.

Crudités mit Senf-Dip

20 Min. **vegetarisch** **glutenfrei**

Apéro für 4 Personen

½ Bund	**glattblättrige Petersilie**	Petersilie fein schneiden, mit dem Quark und dem Se
250 g	**Halbfettquark**	verrühren, würzen.
2 EL	**grobkörniger Senf**	
2 Prisen	**Fleur de Sel**	
wenig	**Pfeffer**	
3	**Rüebli**	Rüebli schälen, mit dem Stangensellerie in Stängel
200 g	**Stangensellerie**	schneiden, Radiesli vierteln.
1 Bund	**Radiesli mit wenig Grün**	

Portion: 111 kcal, F 4 g, Kh 9 g, E 8 g

TIPP

Schneller

Statt Dip selber machen, gekaufte Sauce servieren (z. B. Cocktail-, Curry-, Knoblauch- oder Tartarsauce).

Pouletknusperli

15 Min. + 30 Min. backen · laktosefrei

Ergibt ca. 30 Stück

3	**Pouletbrüstli** (ca. 500 g)
3 EL	**Mehl**
1	**Ei**
100 g	**Paniermehl**
½ TL	**Salz**
wenig	**Pfeffer**
3 EL	**Olivenöl**

Ofen auf 200 Grad vorheizen.
Pouletbrüstli in ca. 2 cm grosse Würfel schneiden. Mehl in einen flachen Teller geben. Ei in einem tiefen Teller verklopfen, Paniermehl in einen flachen Teller geben. Poulet würzen, portionenweise im Mehl wenden, überschüssiges Mehl abschütteln, im Ei, dann im Paniermehl wenden, Panade gut andrücken. Poulet auf einem mit Backpapier belegten Blech verteilen, mit dem Öl beträufeln.

Backen: ca. 30 Min. in der Mitte des Ofens, dabei Knusperli einmal wenden.

Stück: 47 kcal, F 2 g, Kh 3 g, E 5 g

Erdnusssauce

15 Min. · vegan · laktosefrei

Ergibt ca. 3 dl

60 g	**gesalzene Erdnüsse**
2½ dl	**Kokosmilch**
2 EL	**dunkle Sultaninen**
2 EL	**Sojasauce**

Erdnüsse mit Kokosmilch, Sultaninen und Sojasauce pürieren. Sauce aufkochen, Hitze reduzieren, unter gelegentlichem Rühren ca. 5 Min. köcheln, etwas abkühlen.

Portion: 238 kcal, F 19 g, Kh 9 g, E 6 g

TIPP

Lässt sich vorbereiten

Sauce ca. 1 Tag im Voraus zubereiten, auskühlen, zugedeckt im Kühlschrank aufbewahren.

Fischknusperli

20 Min. + 20 Min. backen | laktosefrei

Ergibt ca. 25 Stück

350 g 2 EL ½ TL 1 TL	**Forellenfilets ohne Haut** **Olivenöl** **Salz** **Wasabi-Paste**	Ofen auf 200 Grad vorheizen. Fischfilets mit einer Pinzette von allfälligen Gräten befreien. Filets in ca. 3 cm breite Streifen schneiden. Öl, Salz und Wasabi-Paste in einer Schüssel verrühren. Fisch beigeben, mischen.
50 g 2 EL	**Panko** oder Paniermehl **Olivenöl**	Panko in einen tiefen Teller geben. Fischfilets portionenweise im Panko wenden, Panade leicht andrücken. Fisch auf einem mit Backpapier belegten Blech verteilen, mit dem Öl beträufeln.
1	**Limette**	**Backen:** ca. 20 Min. in der Mitte des Ofens, dabei Knusperli einmal wenden. Limette in Schnitze schneiden, dazu servieren.

Stück: 44 kcal, F 3 g, Kh 2 g, E 4 g

Wasabi-Dip

5 Min. | vegetarisch | glutenfrei

Ergibt ca. 2 dl

1 200 g ½ TL 2 Prisen 50 g	**Limette** **saurer Halbrahm** **Wasabi-Paste** **Salz** **Wasabi-Nüsse**	Limette heiss abspülen, trocken tupfen, wenig Schale abreiben, 1 TL Saft auspressen. Beides mit dem sauren Halbrahm, der Wasabi-Paste und dem Salz verrühren. Nüsse grob hacken, darüberstreuen.

Portion: 147 kcal, F 12 g, Kh 6 g, E 5 g

Hummus

20 Min. | vegan | glutenfrei | laktosefrei

Apéro für 4 Personen

1 Dose	**Kichererbsen** (ca. 400 g)	Kichererbsen abspülen, abtropfen, Knoblauch schälen, halbieren. Kichererbsen, Knoblauch, Tahina, Wasser, Zitronensaft und Kreuzkümmel pürieren, würzen.
1	**Knoblauchzehe**	
100 g	**Tahina** (siehe Hinweis)	
1 dl	**Wasser**	
1 EL	**Zitronensaft**	
½ TL	**Kreuzkümmelpulver**	
½ TL	**Salz**	
wenig	**Pfeffer**	
1 Dose	**Kichererbsen** (ca. 215 g)	Kichererbsen abspülen, abtropfen. Öl in einer Bratpfanne heiss werden lassen, Kichererbsen ca. 4 Min. knusprig braten.
1 EL	**Olivenöl**	
1	**Tomate**	Tomate entkernen, in Würfeli schneiden. Hummus anrichten, Kichererbsen und Tomate darauf verteilen, Öl darüberträufeln.
2 TL	**Olivenöl**	

Portion: 313 kcal, F 21 g, Kh 19 g, E 12 g

TIPP

Varianten

Statt Tahina 100 g griechisches Joghurt und nur ½ EL Zitronensaft verwenden.
Statt Tahina und Wasser 1 dl Olivenöl (nicht kalt gepresst) verwenden.

Hinweis

Tahina, auch Tahin oder Tahine genannt, ist eine Sesampaste; sie ist in grösseren Coop Supermärkten, Reformhäusern oder in orientalischen Spezialitätenläden erhältlich.

Lässt sich vorbereiten

Hummus ca. 1 Tag im Voraus zubereiten, zugedeckt im Kühlschrank aufbewahren.

Dazu passen

Sesam-Grissini, Crackers oder Fladenbrot.

Erbsli-Hummus

15 Min. · **vegan** · **glutenfrei** · **laktosefrei**

Apéro für 4 Personen

1 Dose	**Kichererbsen** (ca. 400 g)
1	**Knoblauchzehe**
150 g	**tiefgekühlte Erbsli,** aufgetaut
1 dl	**Olivenöl** (nicht kalt gepresst)
1 EL	**Zitronensaft**
5	**Pfefferminzblätter**
½ TL	**Salz**
wenig	**Pfeffer**

Kichererbsen abspülen, abtropfen, Knoblauch schälen, halbieren. Kichererbsen, Knoblauch, Erbsli, Öl, Zitronensaft und Pfefferminze pürieren, würzen.

Portion: 334 kcal, F 26 g, Kh 16 g, E 7 g

TIPP

Variante
Statt Erbsli 150 g gekochte Rande verwenden.

Lässt sich vorbereiten
Hummus ca. 1 Tag im Voraus zubereiten, zugedeckt im Kühlschrank aufbewahren.

Dazu passen
Taralli, Grissini oder Crackers.

Pittabrot-Ecken

5 Min. + 10 Min. backen · **vegan** · **laktosefrei**

Ergibt ca. 24 Stück

3	**Pittabrote**	Ofen auf 180 Grad vorheizen.
1	**Knoblauchzehe**	Brote in Stücke schneiden, auf ein mit Backpapier
1 EL	**Olivenöl**	belegtes Blech legen. Knoblauch pressen, mit dem Ö verrühren, Brote damit beträufeln.
½ TL	**Fleur de Sel**	**Backen:** ca. 10 Min. in der Mitte des Ofens.
wenig	**Edelsüss-Paprika**	Herausnehmen, würzen.

Stück: 25 kcal, F 1 g, Kh 4 g, E 1 g

Tzatziki

10 Min. + 30 Min. ziehen lassen · **vegetarisch** · **glutenfrei**

Ergibt ca. 2½ dl

1	**Gurke**	Gurke entkernen, grob reiben, mit dem Salz mischen
1 TL	**Salz**	in einem Sieb ca. 30 Min. ziehen lassen. Gurke gut ausdrücken.
150 g	**griechisches Joghurt nature**	Joghurt, Zitronensaft und Gurke verrühren, würzen
1 TL	**Zitronensaft**	
wenig	**Pfeffer**	

Portion: 55 kcal, F 4 g, Kh 3 g, E 2 g

TIPP

Variante

1 Knoblauchzehe, gepresst, zum Tzatziki geben.

Lässt sich vorbereiten

Tzatziki ca. ½ Tag im Voraus zubereiten, zugedeckt im Kühlschrank aufbewahren.

Frischkäse-Chili-Dip

5 Min. **vegetarisch**

Apéro für 4 Personen

200 g **Doppelrahm-Frischkäse**
4 EL **Sweet-Chili-Sauce**
100 g **Crackers** (z. B. Sfoglie Gran Pavesi)

Frischkäse glatt rühren, in eine Schale geben, Sauce daraufgeben, Crackers dazu servieren.

Portion: 331 kcal, F 20 g, Kh 31 g, E 6 g

TIPP

Variante

Statt Crackers Gemüsestängel, Grissini oder Tortilla-Chips verwenden.

Gurkenschiffchen mit Forellenmousse

10 Min. glutenfrei

Ergibt ca. 24 Stück

1	**Gurke**
125 g	**geräucherte Forelle**
125 g	**Frischkäse mit Meerrettich**
3	**Zweiglein Dill**
3 TL	**Preiselbeeren aus dem Glas**
wenig	**Pfeffer**

Gurke längs halbieren, entkernen. Forelle zerzupfen mit dem Frischkäse mischen, in die Gurkenhälften füllen. Gurken in ca. 24 Stücke schneiden, Dill zerzupfen, mit den Preiselbeeren auf der Forellenmousse verteilen, würzen.

Stück: 25 kcal, F 2 g, Kh 1 g, E 2 g

TIPP

Varianten

Statt geräucherte Forelle geräucherten Lachs, grob geschnitten, oder für eine vegetarische Variante geräucherten Tofu, grob gehackt, verwenden.

Rassige Nachos

10 Min. + 10 Min. backen **vegetarisch** **laktosefrei**

Apéro für 4 Personen

150 g	**Tortilla-Chips** (z. B. aus blauem Mais)	Ofen auf 200 Grad vorheizen. Chips auf einem mit Backpapier belegten Blech verteilen. Mais abtropfen. Peperoncino entkernen, in Ringe schneiden, mit dem Mais auf den Chips verteilen. Käse grob darüberreiben.
1 Dose	**Maiskörner** (ca. 140 g)	
1	**roter Peperoncino**	
200 g	**Cheddar**	
3	**Zweiglein Koriander**	**Backen:** ca. 10 Min. in der Mitte des Ofens. Herausnehmen, Korianderblättchen abzupfen, über die Nachos streuen.

Tipps: Die Nachos schmecken lauwarm am besten. Die Nachos lassen sich auch portionenweise in kleinen ofenfesten Formen backen.

Portion: 419 kcal, F 24 g, Kh 32 g, E 16 g

Guacamole

5 Min. **vegan** **glutenfrei** **laktosefrei**

Ergibt ca. 1½ dl

1	**Avocado**	Avocado halbieren, Fruchtfleisch in eine Schüssel geben, mit einer Gabel zerdrücken. Bundzwiebel in Ringe schneiden, mit dem Limettensaft beigeben, salzen, mischen.
1	**Bundzwiebel mit dem Grün**	
1 EL	**Limettensaft**	
¼ TL	**Salz**	

Lässt sich vorbereiten: Guacamole ca. ½ Tag im Voraus zubereiten, Klarsichtfolie direkt darauflegen, im Kühlschrank aufbewahren.

Portion: 59 kcal, F 5 g, Kh 1 g, E 1 g

Nachos

10 Min. + 10 Min. backen **vegetarisch** **laktosefrei**

Apéro für 4 Personen

150 g	**Tortilla-Chips** (z. B. nature) **1 rote Zwiebel** **2 Tomaten** **200 g Gruyère**	Ofen auf 200 Grad vorheizen. Chips auf einem mit Backpapier belegten Blech verteilen. Zwiebel in feine Ringe, Tomaten in Würfeli schneiden, beides auf den Chips verteilen. Käse grob darüberreiben.
3	**Zweiglein glattblättrige Petersilie**	**Backen:** ca. 10 Min. in der Mitte des Ofens. Herausnehmen, Petersilienblätter abzupfen, über die Nachos streuen.

Tipp: Die Nachos schmecken lauwarm am besten.

Portion: 395 kcal, F 23 g, Kh 28 g, E 17 g

Limetten-Dip

5 Min. **vegetarisch** **glutenfrei**

Ergibt ca. 2 dl

200 g **1** **2 Prisen**	**Crème fraîche** **Limette** **Fleur de Sel**	Crème fraîche glatt rühren, in eine Schale geben. Limette heiss abspülen, trocken tupfen, wenig Schale dazureiben, 1 TL Saft dazupressen, salzen, mischen.

Lässt sich vorbereiten: Dip ca. ½ Tag im Voraus zubereiten, zugedeckt im Kühlschrank aufbewahren.

Portion: 151 kcal, F 15 g, Kh 3 g, E 2 g

Gebackene Kalettes®

15 Min. + 15 Min. backen | **vegetarisch** | **laktosefrei**

Apéro für 4 Personen

250 g	**Kalettes®** (siehe Hinweis) **Wasser,** siedend	Ofen auf 200 Grad vorheizen. Kalettes® ca. 2 Min. im siedenden Wasser blanchieren, mit einer Schaumkelle herausnehmen, kurz in eiskaltes Wasser legen, abtropfen.
1 EL **2 EL** **1 EL**	**Olivenöl** **geriebener Sbrinz** **Paniermehl**	Kalettes® mit dem Öl mischen, auf einem mit Backpapier belegten Blech verteilen. Käse und Paniermehl mischen, darauf verteilen.
¼ TL **2 Prisen**	**Chiliflocken** **Fleur de Sel**	**Backen:** ca. 15 Min. in der Mitte des Ofens. Herausnehmen, Chiliflocken und Fleur de Sel darüberstreuen.

Portion: 91 kcal, F 6 g, Kh 3 g, E 5 g

TIPP

Hinweis

Kalettes® sind eine Kreuzung zwischen Rosen- und Federkohl. Sie sind nicht bitter und schmecken süsslich-nussig.

Lässt sich vorbereiten

Kalettes® ca. ½ Tag im Voraus blanchieren, kurz vor dem Servieren backen. Die Kalettes® schmecken auch lauwarm oder kalt sehr gut.

Knabber-Mix

20 Min. · vegetarisch · laktosefrei

Apéro für 4 Personen

200 g	**Nussmischung**
100 g	**Salzbrezel**
3 EL	**dunkle Sultaninen**
1 EL	**Zucker**
1 EL	**Wasser**
wenig	**Cayennepfeffer**
¼ TL	**Zimt**
¾ TL	**Fleur de Sel**

Nüsse, Salzbrezel, Sultaninen, Zucker und Wasser in einer Bratpfanne bei mittlerer Hitze ca. 10 Min. rösten. Cayennepfeffer, Zimt und Fleur de Sel beigeben, mischen, auf einem Backpapier auskühlen.

100 g: 596 kcal, F 39 g, Kh 38 g, E 19 g

TIPP

Haltbarkeit

In einer Dose gut verschlossen ca. 1 Woche.

Gewürznüsse

10 Min. + 15 Min. backen · **vegetarisch** · **glutenfrei** · **laktosefrei**

Apéro für 4 Personen

200 g	**Mandeln**	Ofen auf 180 Grad vorheizen.
200 g	**Cashew-Nüsse**	Mandeln, Nüsse, Honig, Eiweiss, Raz el Hanout und Fleur de Sel in einer Schüssel mischen. Nussmischung auf einem mit Backpapier belegten Blech verteilen.
100 g	**Pekannüsse**	
1 EL	**flüssiger Honig**	
1	**frisches Eiweiss**	
2 TL	**Raz el Hanout** (siehe Hinweis)	
1 TL	**Fleur de Sel**	
1 TL	**Raz el Hanout**	**Backen:** ca. 15 Min. in der Mitte des Ofens, dabei Nüsse einmal mischen. Herausnehmen, Raz el Hanout daruntermischen, auskühlen.

100 g: 627 kcal, F 54 g, Kh 16 g, E 19 g

TIPP

Variante

Statt Raz el Hanout Dukkah, Za'Atar oder Curry verwenden.

Hinweis

Raz el Hanout ist eine marokkanische Gewürzmischung, die bis zu 30 verschiedene Gewürze enthält. Erhältlich in grösseren Coop Supermärkten. Ersatz: milder Curry.

Haltbarkeit

In einer Dose oder einem Einmachglas gut verschlossen ca. 1 Woche.

Popcorn

10 Min. vegan glutenfrei laktosefrei

Apéro für 4 Personen

1 TL	**Edelsüss-Paprika**	Paprika, Zimt und Fleur de Sel in einer Schüssel mischen.
¼ TL	**Zimt**	
½ TL	**Fleur de Sel**	
1 TL	**Erdnussöl**	Öl in einer weiten Pfanne heiss werden lassen. Maiskörner beigeben, sofort zudecken, bei mittlerer Hitze ca. 4 Min. aufspringen lassen. Popcorn zur Gewürzmischung geben, mischen.
150 g	**Maiskörner für Popcorn**	

Portion: 110 kcal, F 3 g, Kh 21 g, E 1 g

TIPP

Variante

Statt Paprika und Zimt Curry verwenden.

Haltbarkeit

In einer Dose gut verschlossen kühl und trocken ca. 5 Tage.

Aufgabeln und auslöffeln

Entdecken Sie leichte Salate und delikate Süppchen!
Alles lässt sich prima vorbereiten und bringt
erst noch Farbe und Leichtigkeit in Ihren Apéro.

Süsskartoffelsalat

25 Min. | glutenfrei | laktosefrei

Für 4 Schälchen von je ca. 1½ dl

1 2 EL 2 EL 3	**Bio-Zitrone** **grobkörniger Senf** **Olivenöl** **Zweiglein Pfefferminze**	Von der Zitrone wenig Schale abreiben, 2 EL Saft auspressen. Beides mit dem Senf und dem Öl in einer Schüssel verrühren, Pfefferminze fein schneiden, beigeben.
500 g 1 1 EL ¼ TL wenig	**Süsskartoffeln** **Schalotte** **Olivenöl** **Salz** **Pfeffer**	Süsskartoffeln schälen, in Würfeli schneiden. Schalotte schälen, in feine Ringe schneiden. Öl in einer beschichteten Bratpfanne heiss werden lassen. Süsskartoffeln ca. 5 Min. rührbraten, Schalotte kurz mitbraten, würzen, etwas abkühlen, mit der Sauce mischen.
50 g	**Bündnerfleisch in Tranchen**	Salat anrichten. Bündnerfleisch in feine Streifen schneiden, darauf verteilen.

Portion: 220 kcal, F 11 g, Kh 23 g, E 7 g

TIPP

Lässt sich vorbereiten
Salat ca. ½ Tag im Voraus zubereiten, zugedeckt im Kühlschrank aufbewahren. Bündnerfleisch kurz vor dem Servieren darauf verteilen.

Linsensalat

20 Min. | **vegan** | **glutenfrei** | **laktosefrei**

Für 4 Schälchen von je ca. 1½ dl

150 g	**rote Linsen** **Wasser,** siedend	Linsen im siedenden Wasser ca. 8 Min. knapp weich köcheln. Linsen kalt abspülen, abtropfen.
2 EL 3 EL ½ TL 20 g 4 1	**Weissweinessig** **Olivenöl** **Salz** **Mandeln** **Dörraprikosen** **roter Chili**	Essig und Öl in einer Schüssel verrühren, salzen. Mandeln grob hacken, Dörraprikosen in Würfeli schneiden, Chili entkernen, in Ringe schneiden, alles mit den Linsen in die Sauce geben, mischen.
30 g	**Micro Greens**	Salat anrichten, mit Micro Greens garnieren.

Portion: 268 kcal, F 12 g, Kh 25 g, E 12 g

TIPP

Variante

Statt Micro Greens Kresse oder Portulak verwenden.

Lässt sich vorbereiten

Salat ca. ½ Tag im Voraus zubereiten, zugedeckt im Kühlschrank aufbewahren. Kurz vor dem Servieren mit Micro Greens garnieren.

Caesar Salad

20 Min.

Für 8 Gläser von je ca. 1½ dl

1 EL	**Zitronensaft**	Zitronensaft, Öl, Joghurt und Käse in einen Messbecher geben. Eier und Knoblauch schälen, beides halbieren, beigeben, fein pürieren, würzen.
2 EL	**Olivenöl**	
100 g	**Joghurt nature**	
20 g	**geriebener Sbrinz**	
2	**hart gekochte Eier**	
1	**Knoblauchzehe**	
¼ TL	**Salz**	
wenig	**Pfeffer**	
8	**Tranchen Bratspeck**	Speck in einer beschichteten Bratpfanne langsam knusprig braten, herausnehmen, auf Haushaltpapie abtropfen.
2	**Mini-Lattiche** (ca. 200 g)	Lattiche längs vierteln oder sechsteln. Käse mit dem Sparschäler in Späne schneiden. Sauce, Lattich, Käse und Speck und in die Gläser verteilen. Grissini dazu servieren.
50 g	**Sbrinz**	
50 g	**Grissini**	

Portion: 158 kcal, F 11 g, Kh 6 g, E 8 g

TIPP

Lässt sich vorbereiten

Salatsauce, Lattich und Käse ca. ½ Tag im Voraus vorbereiten. Separat zugedeckt im Kühlschrank aufbewahren. Speck braten, bei Raumtemperatur aufbewahren. Salat kurz vor dem Servieren anrichten.

Quinoa-Salat mit Kürbis

30 Min. **glutenfrei** **laktosefrei**

Für 8 Gläser von je ca. 1½ dl

120 g	**Quinoa** (z. B. Tricolore) **Salzwasser,** siedend	Quinoa im siedenden Salzwasser ca. 20 Min. knapp weich kochen, abtropfen.
200 g **80 g** **20 g**	**Kürbis** (z. B. Butternut) **Speckwürfeli** **getrocknete Cranberrys**	Kürbis schälen, grob reiben. Speck in einer beschichteten Bratpfanne langsam knusprig braten, herausnehmen. Kürbis in derselben Pfanne bei mittlerer Hitze ca. 3 Min. dämpfen. Cranberrys beigeben, etwas abkühlen.
3 EL **3 EL** **6**	**Aceto balsamico bianco** **Olivenöl** **Zweiglein Kerbel** **Salz, Pfeffer,** nach Bedarf	Aceto und Öl in einer Schüssel verrühren. Quinoa, Speck und Kürbis in die Sauce geben. Die Hälfte des Kerbels fein schneiden, beigeben, würzen. Salat anrichten, mit restlichem Kerbel garnieren.

Portion: 143 kcal, F 8 g, Kh 14 g, E 4 g

TIPP

Lässt sich vorbereiten
Salat ca. ½ Tag im Voraus zubereiten, zugedeckt im Kühlschrank aufbewahren. Salat kurz vor dem Servieren anrichten und garnieren.

Apfel-Stangensellerie-Salat

20 Min. **vegetarisch** **glutenfrei**

Für 6 Schälchen von je ca. 1½ dl

1 EL	**Apfelessig**	Essig, Öl, Joghurt, Curry und Salz in einer Schüssel verrühren.
2 EL	**Rapsöl**	
180 g	**Joghurt nature**	
2 TL	**mildes Curry**	
½ TL	**Salz**	
20 g	**Baumnusskerne**	Baumnusskerne grob hacken, in einer Bratpfanne ohne Fett rösten, beiseite stellen. Stangensellerie und Apfel in feine Scheiben schneiden, Schnittlauch fein schneiden, alles in die Sauce geben, mischen. Salat anrichten, Baumnusskerne darüberstreuen.
300 g	**Stangensellerie mit wenig Grün**	
1	**Apfel**	
1 Bund	**Schnittlauch**	

Portion: 104 kcal, F 8 g, Kh 5 g, E 3 g

TIPP

Lässt sich vorbereiten

Salat ca. ½ Tag im Voraus fertig zubereiten, zugedeckt im Kühlschrank aufbewahren.

Rüeblisalat mit Forelle

20 Min. | **glutenfrei** | **laktosefrei**

Für 6 Gläser von je ca. 1½ dl

1 TL **1 EL** **2 EL** **1 Prise** **½ TL** **wenig**	**Senf** **Aceto balsamico bianco** **Rapsöl** **Zucker** **Salz** **Pfeffer**	Senf, Aceto, Öl, Zucker, Salz und Pfeffer in einer Schüssel verrühren.
1 **300 g**	**rosa Grapefruit** **Rüebli**	Von der Grapefruit Boden und Deckel, dann Schale ringsum bis auf das Fruchtfleisch wegschneiden. Fruchtfilets (Schnitze) mit einem scharfen Messer zwischen den weissen Häutchen herausschneiden, Saft auffangen. Die Hälfte der Grapefruit mit dem aufgefangenen Saft in die Sauce geben. Rüebli schälen, grob dazureiben, mischen.
125 g	**geräucherte Forelle**	Salat anrichten. Forelle in Stücke zupfen, mit der restlichen Grapefruit auf dem Salat verteilen.

Portion: 89 kcal, F 5 g, Kh 5 g, E 5 g

TIPP

Lässt sich vorbereiten

Salat ca. ½ Tag im Voraus zubereiten, zugedeckt im Kühlschrank aufbewahren. Forelle und restliche Grapefruit kurz vor dem Servieren darauf verteilen.

Bohnensalat mit Pfirsich

15 Min. vegan glutenfrei laktosefrei

Für 8 Schälchen von je ca. 1 dl

1	**Bio-Zitrone**	Von der Zitrone die Hälfte der Schale abreiben, 2 EL Saft auspressen, beides mit dem Öl in einer Schüssel verrühren, würzen.
3 EL	**Olivenöl**	
½ TL	**Salz**	
wenig	**Pfeffer**	
1	**Zucchini** (ca. 150 g)	Zucchini und Pfirsich in Würfeli schneiden. Bohnen abspülen, abtropfen, alles in die Sauce geben, mischen.
1	**Pfirsich**	
1 Dose	**Cannellini-Bohnen** (ca. 400 g)	

Portion: 80 kcal, F 5 g, Kh 6 g, E 2 g

TIPP

Lässt sich vorbereiten
Salat ca. ½ Tag im Voraus zubereiten, zugedeckt im Kühlschrank aufbewahren.

Randensalat mit Himbeeren

15 Min. **vegetarisch** **glutenfrei**

Für 6 Gläser von je ca. 1½ dl

1 EL **2 EL** **1 Msp.** **½ TL**	**Aceto balsamico bianco** **Olivenöl** **Cayennepfeffer** **Salz**	Aceto und Öl in einer Schüssel verrühren, würzen.
1 Päckli **50 g**	**Randen-Stäbli** (ca. 300 g) **tiefgekühlte Himbeeren**	Randen abtropfen, mit den Himbeeren in die Sauce geben, sorgfältig mischen.
150 g **3 EL**	**Ziegenfrischkäse** (z. B. Formaggini) **Kernen-Mix**	Salat anrichten. Frischkäse in Stücke schneiden, darauf verteilen, Kerne darüberstreuen.

Portion: 165 kcal, F 12 g, Kh 8 g, E 6 g

TIPP

Variante
Statt Ziegenfrischkäse Mozzarella verwenden.

Lässt sich vorbereiten
Salat ca. ½ Tag im Voraus zubereiten, zugedeckt im Kühlschrank aufbewahren. Frischkäse und Kerne kurz vor dem Servieren darauf verteilen.

Apfel-Cicorino-Salat

15 Min. | vegetarisch | glutenfrei | laktosefrei

Für 6 Gläser von je ca. 1½ dl

1 EL	**scharfer Senf**	Senf, Essig und Öl in einer Schüssel verrühren, würze
2 EL	**Apfelessig**	
3 EL	**Rapsöl**	
¼ TL	**Salz**	
wenig	**Pfeffer**	
20 g	**Haselnüsse**	Nüsse grob hacken, in einer Bratpfanne ohne Fett rösten. Cicorino in feine Streifen, Rucola grob, Apfe in Scheibchen schneiden. Käse mit dem Sparschäler in Späne schneiden. Cicorino, Rucola und Apfel an richten, Nüsse und Käse darauf verteilen. Sauce kurz vor dem Servieren darüberträufeln.
200 g	**Cicorino rosso**	
50 g	**Rucola**	
1	**Apfel**	
50 g	**Sbrinz**	

Portion: 135 kcal, F 11 g, Kh 3 g, E 4 g

TIPP

Lässt sich vorbereiten

Sauce und Salat ca. ½ Tag im Voraus vorbereiten. Separat zugedeckt im Kühlschrank aufbewahren. Salat kurz vor dem Servieren anrichten, Nüsse und Käse darauf verteilen, mit der Sauce beträufeln.

Kichererbsensalat

15 Min. **vegetarisch** **glutenfrei**

Für 4 Gläser von je ca. 2 dl

1 TL	**grobkörniger Senf**	Senf, Essig, Öl und Salz in einer Schüssel verrühren. Kichererbsen abspülen, abtropfen. Peperoncino entkernen, in Ringe schneiden. Koriander fein schneiden, mit den Kichererbsen und dem Peperoncino in die Sauce geben, mischen.
1 EL	**Kräuteressig**	
2 EL	**Olivenöl**	
¼ TL	**Salz**	
1 Dose	**Kichererbsen** (ca. 400 g)	
½	**roter Peperoncino**	
3	**Zweiglein Koriander**	
150 g	**griechisches Joghurt nature**	Joghurt in die Gläser verteilen, Salat darauf anrichten.

Portion: 175 kcal, F 11 g, Kh 13 g, E 6 g

TIPP

Lässt sich vorbereiten

Salat ca. ½ Tag im Voraus zubereiten, zugedeckt im Kühlschrank aufbewahren. Joghurt und Salat kurz vor dem Servieren anrichten.

Spargelsalat mit Radiesli

20 Min. **vegetarisch** **laktosefrei**

Für 6 Gläser von je ca. 1½ dl

1 1 EL 2 TL	**Bio-Zitrone** **geröstetes Sesamöl** **flüssiger Honig**	Von der Zitrone wenig Schale abreiben, 1 EL Saft auspressen. Beides mit dem Öl und dem Honig in einer Schüssel verrühren.
500 g 1 EL ½ dl	**grüne Spargeln** **geröstetes Sesamöl** **Gemüsebouillon** **Salz, Pfeffer,** nach Bedarf	Unteres Drittel der Spargeln schälen, Spargeln in ca. 3 cm lange Stücke schneiden. Öl in einer beschichteten Bratpfanne heiss werden lassen. Spargeln ca. 4 Min. rührbraten, Bouillon beigeben, Spargeln ca. 2 Min. knapp weich köcheln, etwas abkühlen. Spargeln in die Sauce geben, würzen, mischen.
1 Bund 2 TL	**Radiesli mit wenig Grün** **Sesam**	Radiesli in Scheibchen, wenig Grün fein schneiden, beigeben, mischen. Salat anrichten, Sesam darüberstreuen.

Portion: 77 kcal, F 5 g, Kh 5 g, E 2 g

TIPP

Lässt sich vorbereiten
Salat ca. ½ Tag im Voraus zubereiten, zugedeckt im Kühlschrank aufbewahren.

Kohlrabi-Tomaten-Salat

15 Min. | vegetarisch | glutenfrei | laktosefrei

Für 6 Gläser von je ca. 1½ dl

1 EL	**Aceto Balsamico**	Aceto, Öl und Honig in einer Schüssel verrühren, würzen.
2 EL	**Olivenöl**	
1 TL	**flüssiger Honig**	
¼ TL	**Salz**	
wenig	**Pfeffer**	
400 g	**Cherry-Tomaten**	Tomaten halbieren, Kohlrabi schälen, grob reiben, Basilikum fein schneiden, alles mit den Kapern in die Sauce geben, mischen. Salat anrichten, Pistazien grob hacken, darüberstreuen.
200 g	**Kohlrabi**	
3	**Zweiglein Basilikum**	
1 EL	**Kapern**	
1 EL	**ungesalzene geschälte Pistazien**	

Portion: 74 kcal, F 5 g, Kh 5 g, E 1 g

TIPP

Lässt sich vorbereiten
Salat ca. ½ Tag im Voraus zubereiten, zugedeckt im Kühlschrank aufbewahren.

Bulgur-Salat mit Cherry-Tomaten

25 Min. **vegetarisch**

Für 6 Schälchen von je ca. 2 dl

1	**Schalotte**	Schalotte schälen, fein hacken. Öl in einer Pfanne warm werden lassen. Schalotte andämpfen, Bulgu beigeben, unter Rühren dünsten. Wasser dazugiessen, würzen, aufkochen. Hitze reduzieren, zugedeck ca. 15 Min. köcheln, abtropfen, etwas abkühlen.
1 EL	**Olivenöl**	
120 g	**Bulgur**	
4 dl	**Wasser**	
½ TL	**Salz**	
wenig	**Pfeffer**	
2 EL	**Weissweinessig**	Essig und Öl in einer Schüssel verrühren. Tomaten halbieren, Basilikum fein schneiden. Beides mit den Bulgur in die Sauce geben, würzen.
3 EL	**Olivenöl**	
250 g	**Cherry-Tomaten**	
6	**Basilikumblätter**	
	Salz, Pfeffer, nach Bedarf	
150 g	**Halbfettquark**	Salat anrichten, Quark darauf verteilen.

Portion: 174 kcal, F 10 g, Kh 17 g, E 5 g

TIPP

Variante

Wenig Za'Atar über den Quark streuen. Za'Atar ist eine Gewürzmischung aus Nordafrika, dem Nahen Osten und der Türkei. Sie besteht aus Sumach, Thymian und Sesam. Erhältlich in grösseren Coop Supermärkten.

Lässt sich vorbereiten

Salat ca. ½ Tag im Voraus zubereiten, zugedeckt im Kühlschrank aufbewahren. Quark kurz vor dem Servieren darauf verteilen.

Gurkensalat mit Feta

15 Min. · vegetarisch · glutenfrei

Für 6 Schälchen von je ca. 1½ dl

1 EL	**Aceto balsamico bianco**	Aceto, Öl, Zucker, Salz und Pfeffer in einer Schüssel verrühren.
2 EL	**Olivenöl**	
2 TL	**Zucker**	
¼ TL	**Salz**	
wenig	**Pfeffer**	
1	**Gurke**	Gurke längs halbieren, entkernen, in ca. 2 mm dicke Scheiben hobeln. Tomaten und Datteln in Streifen, Dill fein schneiden, alles in die Sauce geben, mischen
5	**getrocknete Tomaten in Öl**	
3	**entsteinte Datteln**	
3	**Zweiglein Dill**	
100 g	**Feta**	Salat anrichten, Feta zerbröckeln, darauf verteilen.

Portion: 131 kcal, F 11 g, Kh 5 g, E 3 g

TIPP

Lässt sich vorbereiten
Salat ca. ½ Tag im Voraus zubereiten, zugedeckt im Kühlschrank aufbewahren. Feta kurz vor dem Servieren darauf verteilen.

Crevettensalat mit Erdbeeren

15 Min. glutenfrei laktosefrei

Für 6 Schälchen von je ca. 2 dl

1	**Limette**	Limette heiss abspülen, trocken tupfen. Die Hälfte de Schale abreiben, 1 EL Saft auspressen. Chili entkernen, fein hacken, alles mit dem Öl in einer Schüs sel verrühren, salzen.
1	**roter Chili**	
2 EL	**Olivenöl**	
¼ TL	**Salz**	
100 g	**Erdbeeren**	Erdbeeren vierteln, mit den Crevetten in die Sauce geben, mischen. Lattich in feine Streifen schneider mit dem Crevettensalat anrichten, Sesam darüberstreuen.
250 g	**geschälte gekochte Crevettenschwänze** (Bio)	
2	**Mini-Lattiche** (ca. 200 g)	
2 TL	**schwarzer Sesam**	

Portion: 95 kcal, F 5 g, Kh 2 g, E 9 g

TIPP

Variante

Statt Erdbeeren Pfirsich oder Mango, in Würfeln, verwenden.

Fregola-Sarda-Salat

20 Min. **vegan** **laktosefrei**

Für 6 Schälchen von je ca. 1½ dl

150 g	**kleine Teigwaren** (z. B. Fregola Sarda tostata) **Salzwasser,** siedend	Teigwaren im siedenden Salzwasser al dente kochen, abtropfen, kalt abspülen.
1 1 3 EL ¼ TL wenig 200 g	**Bio-Zitrone** **Knoblauchzehe** **Olivenöl** **Salz** **Pfeffer** **Zucchini**	Von der Zitrone Schale abreiben, 2 EL Saft auspressen, Knoblauch pressen. Alles mit dem Öl in einer Schüssel verrühren, würzen. Zucchini grob dazureiben, Teigwaren beigeben, mischen.

Portion: 151 kcal, F 6 g, Kh 19 g, E 4 g

TIPP

Lässt sich vorbereiten
Salat ca. ½ Tag im Voraus zubereiten, zugedeckt im Kühlschrank aufbewahren.

Griechischer Salat

15 Min. · vegetarisch · glutenfrei

Für 4 Gläser von je ca. 2 dl

1 TL	**scharfer Senf**	Senf, Essig und Öl in einer Schüssel verrühren, würze
1 EL	**Rotweinessig**	Basilikum fein schneiden, beigeben.
2 EL	**Olivenöl**	
¼ TL	**Salz**	
wenig	**Pfeffer**	
3	**Zweiglein Basilikum**	
1	**rote Peperoni**	Peperoni entkernen, in Streifen schneiden. Gurke längs halbieren, entkernen, in Stängel schneiden. Tomate entkernen, in Würfeli schneiden, Oliven in Ringe schneiden. Alles in die Sauce geben, mischen.
½	**Gurke**	
1	**Tomate**	
20 g	**entsteinte schwarze Oliven**	
100 g	**Feta**	Salat anrichten, Feta in Stücke schneiden, darauf verteilen.

Portion: 163 kcal, F 14 g, Kh 4 g, E 5 g

TIPP

Lässt sich vorbereiten

Salat ca. ½ Tag im Voraus zubereiten, zugedeckt im Kühlschrank aufbewahren. Feta kurz vor dem Servieren auf dem Salat verteilen.

Couscous-Salat mit Granatapfelkernen

15 Min. vegetarisch

Für 6 Gläser von je ca. 1½ dl

150 g	**Couscous**	Couscous, Kurkuma und Salz in einer Schüssel mischen. Wasser aufkochen, über das Couscous giesse zugedeckt ca. 5 Min. quellen lassen. Mit einer Gabel lockern.
½ TL	**Kurkuma**	
½ TL	**Salz**	
2½ dl	**Wasser**	
1	**Bundzwiebel mit dem Grün**	Bundzwiebel in Ringe, Petersilie grob schneiden, mit dem Zitronensaft und dem Öl zum Couscous gebe mischen.
½ Bund	**glattblättrige Petersilie**	
3 EL	**Zitronensaft**	
3 EL	**Olivenöl**	
70 g	**Granatapfelkerne**	Salat anrichten. Granatapfelkerne und sauren Halbrahm darauf verteilen.
100 g	**saurer Halbrahm**	

Portion: 186 kcal, F 9 g, Kh 22 g, E 4 g

TIPP

Vegan-Variante
Salat ohne sauren Halbrahm servieren.

Lässt sich vorbereiten
Salat ca. ½ Tag im Voraus zubereiten, zugedeckt im Kühlschrank aufbewahren. Granatapfelkerne und sauren Halbrahm kurz vor dem Servieren darauf verteilen.

Orangen-Avocado-Salat

15 Min. **vegetarisch** **glutenfrei** **laktosefrei**

Für 4 Schälchen von je ca. 2 dl

1 2 EL ½ TL wenig	**Orange** **Olivenöl** **Salz** **Pfeffer**	Von der Orange Boden und Deckel, dann Schale rings um bis auf das Fruchtfleisch wegschneiden. Orange vierteln, in Scheiben schneiden, mit dem entstandene Saft in eine Schüssel geben. Öl beigeben, würzen.
1 1 Bund	**Avocado** **Schnittlauch**	Avocado in Stücke, Schnittlauch fein schneiden. Beides in die Schüssel geben, sorgfältig mischen.
20 g	**Wasabi-Nüsse**	Salat anrichten, Nüsse grob hacken, darüberstreuen

Portion: 154 kcal, F 13 g, Kh 5 g, E 3 g

TIPP

Lässt sich vorbereiten

Salat ca. ½ Tag im Voraus zubereiten, zugedeckt im Kühlschrank aufbewahren. Wasabi-Nüsse kurz vor dem Servieren hacken und über den Salat streuen.

Sushi Bowl

30 Min. laktosefrei

Für 8 Schälchen von je ca. 2 dl

100 g	**Rundkornreis** (Sushi-Reis)	Reis in einem Sieb unter fliessendem Wasser so lange spülen, bis dieses klar ist, gut abtropfen. Reis mit dem Wasser in eine Pfanne geben, aufkochen, Hitze reduzieren, zugedeckt bei kleiner Hitze ca. 10 Min. köcheln. Auf ausgeschalteter Platte ca. 15 Min. quellen lassen, dabei Deckel nie abheben. Reis in eine Schüssel geben, Essig und Salz beigeben, mit einer Gabel lockern.
2 dl	**Wasser**	
1 EL	**heller Reisessig**	
2 Prisen	**Salz**	
1	**Avocado**	Avocado in Stücke schneiden. Lachs in feine Scheiben, Nori-Blätter in Streifen schneiden. Alles mit dem Reis und dem Ingwer anrichten, Sesam darüberstreuen.
150 g	**geräuchertes Lachsfilet am Stück**	
2	**Nori-Blätter**	
3 EL	**eingelegter Ingwer**	
2 TL	**schwarzer Sesam**	
2 EL	**Sojasauce**	Sojasauce, Öl und Wasabi verrühren, dazu servieren
1 TL	**geröstetes Sesamöl**	
½ TL	**Wasabi-Paste**	

Portion: 119 kcal, F 6 g, Kh 11 g, E 6 g

TIPP

Vegi-Variante
Statt Lachs geräucherten Tofu verwenden.

Lässt sich vorbereiten
Sushi-Reis ca. ½ Tag im Voraus zubereiten, zugedeckt im Kühlschrank aufbewahren.

Kürbissuppe

25 Min. vegetarisch

Für 6 Schälchen von je ca. 1½ dl

1 500 g	**Zwiebel** **Kürbis** (z. B. Butternut)	Zwiebel schälen, grob hacken. Kürbis schälen, entkernen, in kleine Stücke schneiden.
1 EL 6 dl 125 g	**Olivenöl** **Gemüsebouillon** **Frischkäse mit Meerrettich** **Salz,** nach Bedarf	Öl in einer Pfanne warm werden lassen. Zwiebel andämpfen, Kürbis kurz mitdämpfen. Bouillon dazugiessen, aufkochen, Hitze reduzieren, zugedeckt ca. 15 Min. köcheln. Die Hälfte des Frischkäses beigeben, Suppe pürieren, salzen.
20 g	**Kürbiskerne**	Kürbiskerne in einer Bratpfanne ohne Fett rösten. Suppe anrichten, restlichen Frischkäse darauf verteilen, Kürbiskerne darüberstreuen.

Portion: 144 kcal, F 10 g, Kh 10 g, E 4 g

TIPP

Variante
Statt Kürbis Rüebli verwenden.

Lässt sich vorbereiten
Suppe ca. 1 Tag im Voraus zubereiten, auskühlen, zugedeckt im Kühlschrank aufbewahren. Suppe kurz vor dem Servieren aufkochen, garnieren.

Most-Süppchen

30 Min.

Für 8 Gläser von je ca. 1 dl

2	**Schalotten**	Schalotten schälen, grob hacken. Butter in einer Pfanne warm werden lassen. Schalotten kurz andämpfen, Mehl beigeben, ca. 1 Min. dünsten. Most und Bouillon dazugiessen, aufkochen, Hitze reduzieren, zugedeckt ca. 15 Min. köcheln. Rahm dazugiessen, Suppe pürieren, würzen.
1 EL	**Butter**	
2 EL	**Mehl**	
3 dl	**saurer Most**	
4 dl	**Gemüsebouillon**	
1 dl	**Vollrahm**	
	Salz, Pfeffer, nach Bedarf	
20 g	**Haselnüsse**	Nüsse grob hacken, in einer Bratpfanne ohne Fett rösten. Rohschinken in feine Streifen schneiden. Rahm flaumig schlagen. Suppe anrichten, Schlagrahm, Rohschinken und Nüsse darauf verteilen.
80 g	**Rohschinken**	
1 dl	**Rahm**	

Portion: 161 kcal, F 13 g, Kh 4 g, E 5 g

TIPP

Lässt sich vorbereiten

Suppe ca. 1 Tag im Voraus zubereiten, auskühlen, zugedeckt im Kühlschrank aufbewahren. Suppe kurz vor dem Servieren aufkochen, garnieren.

Apfel-Sellerie-Shot

25 Min. **vegetarisch**

Für 10 Gläser von je ca. 1 dl

1	**Schalotte**	Schalotte schälen, grob hacken. Sellerie schälen, vom Apfel das Kerngehäuse entfernen, beides in klei[n]e Stücke schneiden.
300 g	**Sellerie**	
1	**Apfel**	
1 EL	**Butter**	Butter in einer Pfanne warm werden lassen. Schalott[e] andämpfen. Sellerie und Apfel kurz mitdämpfen. Vermouth und Bouillon dazugiessen, aufkochen, Hitz[e] reduzieren, zugedeckt ca. 15 Min. köcheln. Rahm dazugiessen, Suppe pürieren, würzen.
2 EL	**trockener weisser Vermouth** (z. B. Noilly Prat)	
6 dl	**Gemüsebouillon**	
1 dl	**Vollrahm**	
	Salz, Pfeffer, nach Bedarf	
40 g	**Baumnusskerne**	Baumnusskerne grob hacken, in einer Bratpfanne ohne Fett rösten. Schnittlauch fein schneiden. Supp[e] anrichten, Baumnusskerne und Schnittlauch darüberstreuen.
½ Bund	**Schnittlauch**	

Portion: 94 kcal, F 8 g, Kh 3 g, E 2 g

TIPP

Lässt sich vorbereiten

Suppe ca. 1 Tag im Voraus zubereiten, auskühlen, zugedeckt im Kühlschrank aufbewahren. Suppe kurz vor dem Servieren aufkochen, garnieren.

Curry-Maissuppe mit Pouletspiessli

30 Min. laktosefrei

Für 8 Schälchen von je ca. 1 dl

1	**Zwiebel**	Zwiebel schälen, fein hacken. Maiskörner abspülen, abtropfen.
1 Dose	**Maiskörner** (ca. 340 g)	
1 EL	**geröstetes Sesamöl**	Öl in einer Pfanne warm werden lassen. Zwiebel andämpfen, Maiskörner, Currypaste und Kurkuma ca. 5 Min. mitdämpfen. Kokosmilch und Bouillon dazugiessen, aufkochen, Hitze reduzieren, zugedeckt ca. 15 Min. köcheln, salzen.
2 EL	**gelbe Currypaste**	
¼ TL	**Kurkuma**	
5 dl	**Kokosmilch**	
2 dl	**Hühnerbouillon**	
	Salz, nach Bedarf	
1	**Pouletbrüstli** (ca. 150 g)	Pouletbrüstli in Würfel schneiden, an die Spiesschen stecken. Öl in einer beschichteten Bratpfanne heiss werden lassen. Poulet rundum ca. 5 Min. braten, salzen.
8	**Holzspiesschen**	
1 EL	**geröstetes Sesamöl**	
¼ TL	**Salz**	
¼ TL	**Chiliflocken**	Suppe anrichten, Pouletspiessli darauflegen, Chiliflocken darüberstreuen.

Portion: 210 kcal, F 15 g, Kh 11 g, E 7 g

TIPP

Schneller
Pouletwürfel nicht aufspiessen, sondern ca. 5 Min. rührbraten und in die heisse Suppe geben.

Lässt sich vorbereiten
Suppe ca. 1 Tag im Voraus zubereiten, auskühlen, zugedeckt im Kühlschrank aufbewahren. Suppe kurz vor dem Servieren aufkochen. Pouletspiessli braten, dazu servieren.

Lauchsuppe mit Roquefort

25 Min. vegetarisch

Für 6 Tassen von je ca. 1½ dl

200 g	**mehlig kochende Kartoffeln**	Kartoffeln schälen, mit dem Lauch in kleine Stücke schneiden.
200 g	**Lauch**	
1 EL	**Rapsöl**	Öl in einer Pfanne warm werden lassen. Kartoffeln und Lauch ca. 5 Min. andämpfen. Bouillon dazugiesse aufkochen, Hitze reduzieren, zugedeckt ca. 15 Min. köcheln. Rahm dazugiessen, Suppe pürieren, würzer
6 dl	**Gemüsebouillon**	
1 dl	**Vollrahm**	
	Salz, Pfeffer, nach Bedarf	
2	**Zweiglein Petersilie**	Petersilie fein schneiden, mit dem Öl mischen. Suppe anrichten, Käse in Stücke schneiden, mit dem Petersilienöl auf der Suppe verteilen.
1 EL	**Rapsöl**	
100 g	**Blauschimmelkäse** (z. B. Roquefort)	

Portion: 189 kcal, F 16 g, Kh 6 g, E 5 g

TIPP

Variante

Statt Blauschimmelkäse Taleggio verwenden.

Lässt sich vorbereiten

Suppe ca. 1 Tag im Voraus zubereiten, auskühlen, zugedeckt im Kühlschrank aufbewahren. Suppe kurz vor dem Servieren aufkochen, garnieren.

Süsskartoffelsüppchen

25 Min. vegan laktosefrei

Für 6 Gläser von je ca. 1½ dl

1 1 2 cm 500 g	**Zwiebel** **Knoblauchzehe** **Ingwer** **Süsskartoffeln**	Zwiebel und Knoblauch schälen, grob hacken. Ingwer schälen, in Scheibchen schneiden. Süsskartoffeln schälen, in kleine Stücke schneiden.
1 EL 7 dl	**Olivenöl** **Gemüsebouillon** **Salz,** nach Bedarf	Öl in einer Pfanne warm werden lassen. Zwiebel, Knoblauch und Ingwer andämpfen, Süsskartoffeln kurz mitdämpfen. Bouillon dazugiessen, aufkochen, Hitze reduzieren, zugedeckt ca. 15 Min. köcheln. Suppe pürieren, salzen.
2	**Zweiglein Koriander**	Suppe anrichten, Korianderblättchen abzupfen, darauf verteilen.

Portion: 97 kcal, F 3 g, Kh 16 g, E 2 g

TIPP

Lässt sich vorbereiten

Suppe ca. 1 Tag im Voraus zubereiten, auskühlen, zugedeckt im Kühlschrank aufbewahren. Suppe kurz vor dem Servieren aufkochen, garnieren.

Erdnusssuppe

15 Min. vegetarisch

Für 4 Gläser von je ca. 1½ dl

2	**Bundzwiebeln mit dem Grün**	Bundzwiebeln in Ringe schneiden, wenig Grün beiseite stellen. Chili entkernen, in Ringe schneiden, Nüsse grob hacken.
1	**roter Chili**	
120 g	**gesalzene Erdnüsse**	
1 EL	**Olivenöl**	Öl in einer Pfanne warm werden lassen. Bundzwiebeln und Chili andämpfen. Erdnüsse kurz mitdämpfen. Vermouth, Bouillon und Rahm dazugiessen, aufkochen. Hitze reduzieren, unter gelegentlichem Rühren ca. 5 Min. köcheln. Suppe pürieren.
2 EL	**trockener weisser Vermouth** (z. B. Noilly Prat)	
4 dl	**Gemüsebouillon**	
1½ dl	**Vollrahm**	
1 EL	**gesalzene Erdnüsse**	Suppe anrichten, Nüsse grob hacken, mit dem beiseite gestellten Zwiebelgrün über die Suppe streuen.

Portion: 390 kcal, F 34 g, Kh 8 g, E 11 g

TIPP

Lässt sich vorbereiten
Suppe ca. 1 Tag im Voraus zubereiten, auskühlen, zugedeckt im Kühlschrank aufbewahren. Suppe kurz vor dem Servieren aufkochen, garnieren.

Kalter Peperoni-Mais-Shot

25 Min. + 1 Std. kühl stellen · **vegan** · **laktosefrei**

Für 8 Gläser von je ca. 1 dl

1 1 1 Dose	**Zwiebel** **gelbe Peperoni** **Maiskörner** (ca. 340 g)	Zwiebel schälen, fein hacken. Peperoni in Stücke schneiden. Maiskörner abspülen, abtropfen.
1 EL 6 dl	**Olivenöl** **Gemüsebouillon** **Salz, Pfeffer,** nach Bedarf	Öl in einer Pfanne warm werden lassen. Zwiebel andämpfen, Peperoni und Mais kurz mitdämpfen. Bouillon dazugiessen, aufkochen, Hitze reduzieren, zugedeckt ca. 15 Min. köcheln. Suppe pürieren, würzen, auskühlen. Suppe zugedeckt ca. 1 Std. kühl stellen.
½ EL 1 TL	**Olivenöl** **Merquén** (siehe Hinweis)	Suppe anrichten. Öl darüberträufeln, Merquén darüberstreuen.

Portion: 70 kcal, F 3 g, Kh 9 g, E 2 g

TIPP

Hinweis

Basis der leicht scharfen, rauchigen Gewürzmischung Merquén ist der Chili Cacho de Cabra. Die Gewürzmischung ist in grösseren Coop Supermärkten erhältlich. Ersatz: Chiliflocken

Lässt sich vorbereiten

Suppe ca. 1 Tag im Voraus zubereiten, zugedeckt im Kühlschrank aufbewahren. Suppe kurz vor dem Servieren anrichten, garnieren.

Gazpacho

15 Min. + 1 Std. kühl stellen **vegan**

Für 6 Gläser von je ca. 1½ dl

1	**rote Peperoni**	Peperoni, Gurke und Tomate in Stücke schneiden. Peperoncino entkernen, in Stücke schneiden. Toastbrot in Stücke zupfen. Alles ins Mixglas geben.
1	**Gurke** (ca. 400 g)	
1	**Tomate**	
1	**roter Peperoncino**	
50 g	**Toastbrot**	
½ dl	**Gemüsebouillon**	Bouillon, Öl, Basilikum und Salz beigeben, pürieren. Suppe zugedeckt ca. 1 Std. kühl stellen.
2 EL	**Olivenöl**	
8	**Basilikumblätter**	
1 TL	**Salz**	
50 g	**Grissini**	Suppe anrichten, Grissini dazu servieren.

Portion: 112 kcal, F 5 g, Kh 13 g, E 2 g

TIPP

Lässt sich vorbereiten

Gazpacho ca. 1 Tag im Voraus zubereiten, zugedeckt im Kühlschrank aufbewahren.

Kalter Avocado-Shot

25 Min. **vegetarisch**

Für 8 Gläser von je ca. 1 dl

1	**Avocado**	Avocado halbieren, Fruchtfleisch herauslösen, ins Mixglas geben. Limette heiss abspülen, trocken tupfen, die Hälfte der Schale abreiben, 1 EL Saft auspressen. Beides mit dem Joghurt und dem Wasser beigeben, pürieren, salzen, zugedeckt ca. 15 Min. kühl stellen.
1	**Limette**	
100 g	**Joghurt nature**	
2½ dl	**Wasser**	
¾ TL	**Salz**	
2	**Zweiglein Petersilie**	Suppe anrichten. Petersilie fein schneiden, Chips zerdrücken, mit den Granatapfelkernen mischen, auf den Shots verteilen.
8	**Tortilla-Chips**	
3 EL	**Granatapfelkerne**	

Portion: 45 kcal, F 3 g, Kh 2 g, E 1 g

TIPP

Lässt sich vorbereiten
Suppe ca. ½ Tag im Voraus zubereiten, zugedeckt im Kühlschrank aufbewahren.

Dazu passen
Tortilla-Chips.

Zitroniger Kokos-Shot

25 Min. **laktosefrei**

Für 8 Gläser von je ca. 1 dl

2	**Schalotten**	Schalotten und Ingwer schälen, fein schneiden. Zitronengras zerdrücken.
4 cm	**Ingwer**	
3	**Stängel Zitronengras**	
1 EL	**geröstetes Sesamöl**	Öl in einer Pfanne warm werden lassen. Schalotten Ingwer und Zitronengras ca. 5 Min. andämpfen. Zucker beigeben, Bouillon, Kokosmilch und Limetten saft dazugiessen, aufkochen, Hitze reduzieren, zugedeckt ca. 15 Min. köcheln. Zitronengras entfernen Suppe pürieren, salzen.
1 EL	**Zucker**	
5 dl	**Gemüsebouillon**	
2½ dl	**Kokosmilch**	
3 EL	**Limettensaft**	
	Salz, nach Bedarf	
8	**rohe Crevettenschwänze** (ca. 150 g)	Crevetten bis auf das Schwanzende schälen. Öl in einer beschichteten Bratpfanne heiss werden lassen Crevetten salzen, rundum ca. 3 Min. braten, an die Spiesschen stecken. Suppe mit den Crevetten anrichten.
1 EL	**geröstetes Sesamöl**	
¼ TL	**Salz**	
8	**Holzspiesschen**	

Portion: 121 kcal, F 9 g, Kh 5 g, E 5 g

TIPP

Lässt sich vorbereiten
Suppe ca. 1 Tag im Voraus zubereiten, auskühlen, zugedeckt im Kühlschrank aufbewahren. Suppe kurz vor dem Servieren aufkochen, Crevetten braten, mit der Suppe anrichten.

Backen und teilen

Tolle Ideen für Apéro-Gebäck:
Fingerfood, grosses Gebäck zum Teilen,
elegante Begleiter zum
Prosecco und Währschaftes zum Bier.

Spinat-Prussiens

25 Min. + 15 Min. backen · vegetarisch · laktosefrei

Ergibt ca. 24 Stück

1	**ausgewallter Blätterteig** (ca. 25 × 42 cm)	Ofen auf 220 Grad vorheizen. Teig entrollen, mit der Tapenade bestreichen. Mandel fein hacken, mit dem Spinat auf dem Teig verteilen, etwas andrücken. Teig von beiden Längsseiten bis zur Mitte hin aufrollen, Rolle ca. 10 Min. kühl stellen. Rolle in ca. 1½ cm dicke Scheiben schneiden, mit genügend Abstand auf ein mit Backpapier belegtes Blech legen. Ei verklopfen, Prussiens damit bestreichen.
2 EL	**Tapenade**	
40 g	**Rauchmandeln**	
30 g	**Jungspinat**	
1	**Ei**	
2 Prisen	**Fleur de Sel**	**Backen:** ca. 15 Min. in der Mitte des Ofens. Herausnehmen, Salz und Pfeffer darüberstreuen.
wenig	**Pfeffer**	

Stück: 68 kcal, F 4 g, Kh 6 g, E 1 g

TIPP

Lässt sich vorbereiten

Teigrolle ca. ½ Tag im Voraus vorbereiten, zugedeckt im Kühlschrank aufbewahren. Kurz vor dem Servieren schneiden und backen.

Tomatenkissen

15 Min. + 15 Min. backen **vegetarisch** **laktosefrei**

Ergibt 20 Stück

1	**ausgewallter Blätterteig** (ca. 25 × 42 cm)	Ofen auf 220 Grad vorheizen. Teig entrollen, in 20 gleich grosse Rechtecke schneide
3 EL **300 g** **¼ TL** **1** **3 EL**	**Pesto** **Tomaten** (z. B. Peretti) **Fleur de Sel** **Ei** **geriebener Gruyère**	Pesto auf der Mitte der Teigstücke verteilen. Tomater in Scheiben schneiden, darauflegen, salzen. Ei verklopfen, Ränder mit wenig Ei bestreichen. Zwei Teig ecken über die Tomaten legen, etwas andrücken. Kissen auf ein mit Backpapier belegtes Blech legen mit restlichem Ei bestreichen, Käse darüberstreuen.
3	**Zweiglein Majoran**	**Backen:** ca. 15 Min. in der Mitte des Ofens. Herausnehmen, Majoranblättchen abzupfen, über die Tomatenkissen streuen.

Stück: 80 kcal, F 5 g, Kh 7 g, E 2 g

TIPP

Lässt sich vorbereiten

Tomatenkissen ca. ½ Tag im Voraus formen, zugedeckt im Kühlschrank aufbewahren. Kurz vor dem Servieren backen und garnieren.

Pikante Päckli

15 Min. + 15 Min. backen — vegetarisch

Ergibt 20 Stück

1	**ausgewallter Kuchenteig** (ca. 25 × 42 cm)	Ofen auf 220 Grad vorheizen. Teig entrollen, in 20 gleich grosse Rechtecke schneider
2 2 EL 2 EL 1 Glas 1	**Zweiglein Rosmarin** **geriebener Sbrinz** **Paniermehl** **gefüllte Paprikaschoten in Öl** (ca. 240 g) **Ei**	Rosmarin fein schneiden, mit dem Käse und dem Pa niermehl mischen. Die Hälfte davon auf der Mitte der Teigstücke verteilen. Paprikaschoten abtropfen je eine Paprika darauflegen. Ei verklopfen, Ränder mit wenig Ei bestreichen. Teigspitzen oben einschlage und gut andrücken. Päckli auf ein mit Backpapier belegtes Blech legen, mit restlichem Ei bestreichen. Restliche Käsemischung darüberstreuen.
		Backen: ca. 15 Min. in der Mitte des Ofens.

Stück: 122 kcal, F 9 g, Kh 8 g, E 2 g

TIPP

Lässt sich vorbereiten

Päckli ca. ½ Tag im Voraus formen, zugedeckt im Kühlschrank aufbewahren. Kurz vor dem Servieren backen.

Flammkuchen mit Lachs

10 Min. + 15 Min. backen

Ergibt ca. 12 Stück

1	**ausgewallter Flammkuchenteig** (ca. 25 × 38 cm)	Ofen auf 220 Grad vorheizen. Teig entrollen, mit dem Frischkäse bestreichen, mit dem Backpapier ins Blech legen. Schalotte schälen in Ringe schneiden, auf dem Frischkäse verteilen.
125 g	**Frischkäse mit Meerrettich**	
1	**Schalotte**	
80 g	**Graved-Lachs in Tranchen**	**Backen:** ca. 15 Min. auf der untersten Rille des Ofens Herausnehmen, Lachs in Stücke zupfen, Dill abzupfen, beides mit den Kapern auf dem Flammkuchen verteilen.
3	**Zweiglein Dill**	
2 EL	**Kapern**	
1 EL	**flüssiger Honig**	Honig und Senf verrühren, dazu servieren.
1 EL	**milder Senf**	

Stück: 113 kcal, F 5 g, Kh 12 g, E 4 g

TIPP

Variante

Statt Graved-Lachs geräucherten Lachs oder geräucherte Forelle verwenden.

Flammkuchen mit Speck und Poulet

15 Min. + 18 Min. backen

Ergibt ca. 16 Stück

1	**ausgewallter Flammkuchenteig** (ca. 25 × 38 cm)	Ofen auf 220 Grad vorheizen. Teig entrollen, mit der Crème fraîche bestreichen, mit dem Backpapier ins Blech legen. Teigrand rundum ca. 1 cm breit einschlagen. Zwiebel schälen, in feine Ringe schneiden, Speck halbieren, beides auf der Crème fraîche verteilen, würzen. Poulet in feine Streifen schneiden, mit dem Öl, dem Paprika und dem Salz mischen, auf dem Flammkuchen verteilen.
200 g	**Crème fraîche**	
1	**rote Zwiebel**	
50 g	**Bratspeck in Tranchen**	
¼ TL	**Salz**	
wenig	**Pfeffer**	
1	**Pouletbrüstli** (ca. 160 g)	
1 EL	**Olivenöl**	
¼ TL	**Edelsüss-Paprika**	
¼ TL	**Salz**	
2	**Zweiglein glattblättrige Petersilie**	**Backen:** ca. 18 Min. auf der untersten Rille des Ofens. Herausnehmen, Petersilie fein schneiden, darüberstreuen.

Stück: 116 kcal, F 7 g, Kh 8 g, E 5 g

TIPP

Lässt sich vorbereiten

Teig ca. ½ Tag im Voraus belegen, zugedeckt im Kühlschrank aufbewahren. Kurz vor dem Servieren backen und garnieren.

Flammkuchen-Twists

10 Min. + 25 Min. backen **vegetarisch**

Ergibt ca. 12 Stück

1	**ausgewallter Flammkuchenteig** (ca. 25 × 38 cm)	Ofen auf 200 Grad vorheizen. Teig entrollen, quer halbieren. Eine Teighälfte mit dem Frischkäse bestreichen.
150 g	**Ziegenfrischkäse** (z. B. Chavroux)	
1	**rote Zwiebel**	Zwiebel schälen, halbieren, in feine Streifen schneiden. Thymian abzupfen, beides auf dem Frischkäse verteilen, Käse darüberstreuen. Andere Teighälfte darauflegen, leicht andrücken. Teig quer in ca. 1½ cm breite Streifen schneiden, locker zu Spiralen drehen. Twists auf ein mit Backpapier belegtes Blech legen, mit dem Öl bestreichen, Fleur de Sel darüberstreuen
3	**Zweiglein Thymian**	
2 EL	**geriebener Sbrinz**	
1 EL	**Olivenöl**	
¼ TL	**Fleur de Sel**	
		Backen: ca. 25 Min. in der Mitte des Ofens.

Stück: 97 kcal, F 4 g, Kh 11 g, E 3 g

TIPP

Variante

Statt Ziegenfrischkäse Doppelrahm-Frischkäse verwenden.

Lässt sich vorbereiten

Twists ca. ½ Tag im Voraus vorbereiten und backen, auf einem Gitter auskühlen.

Schinkenschnecken

20 Min. + 15 Min. backen

Ergibt ca. 24 Stück

1	**ausgewallter Blätterteig** (ca. 25 × 42 cm)	Ofen auf 220 Grad vorheizen.
125 g	**Doppelrahm-Frischkäse**	Teig entrollen, mit dem Frischkäse bestreichen.
80 g	**Hinterschinken in Tranchen** (hauchdünn)	Schinken auf den Teig, Schnittlauch ganz darauflegen, Käse darüberstreuen. Teig von der Längsseite aufrollen, Rolle ca. 10 Min. kühl stellen. Rolle in ca. 1½ cm dicke Scheiben schneiden, mit genügend Abstand auf ein mit Backpapier belegtes Blech legen. Ei verklopfen, Schnecken damit bestreichen, Käse darüberstreuen.
1 Bund	**Schnittlauch**	
2 EL	**geriebener Sbrinz**	
1	**Ei**	
1 EL	**geriebener Sbrinz**	
		Backen: ca. 15 Min. in der Mitte des Ofens.

Stück: 79 kcal, F 5 g, Kh 6 g, E 2 g

TIPP

Lässt sich vorbereiten
Teigrolle ca. ½ Tag im Voraus vorbereiten, zugedeckt im Kühlschrank aufbewahren. Kurz vor dem Servieren schneiden und backen.

Birnen-Käse-Päckli

15 Min. + 18 Min. backen **vegetarisch**

Ergibt 12 Stück

1 **ausgewallter Blätterteig** (ca. 25 × 42 cm)	Ofen auf 220 Grad vorheizen. Teig entrollen, in 12 gleich grosse Rechtecke schneide
1 **Birne** 2 **Tommes** (je ca. 100 g) 1 **Ei** 2 EL **Haselnüsse** 2 TL **Thymianblättchen**	Birne entkernen, in Schnitze schneiden, quer auf die Teigstücke legen. Käse in je 6 Stücke schneiden, darauflegen. Ei verklopfen, Teigränder mit wenig Ei bestreichen, über den Käse legen. Päckli mit dem Verschluss nach unten auf ein mit Backpapier belegtes Blech legen, mit restlichem Ei bestreichen. Nüsse grob hacken, mit dem Thymian darüberstreuen.
	Backen: ca. 18 Min. in der Mitte des Ofens.

Stück: 178 kcal, F 12 g, Kh 12 g, E 5 g

TIPP

Genuss-Tipp

Der Käse läuft beim Backen etwas aus und wird auf dem Blech schön knusprig. Die Käsekruste unbedingt mitservieren.

Lässt sich vorbereiten

Päckli ca. ½ Tag im Voraus formen, zugedeckt im Kühlschrank aufbewahren. Kurz vor dem Servieren backen.

Würstli im Teig

10 Min. + 18 Min. backen

Ergibt 12 Stück

1	**ausgewallter Pizzateig** (ca. 28 × 38 cm)	Ofen auf 220 Grad vorheizen. Teig entrollen, quer in 12 gleich breite Streifen schneiden.
12 1 EL	**gekochte Merguez** (ca. 420 g) **scharfer Senf** **Wasser** zum Bestreichen	Würste mit dem Senf bestreichen. Teigstreifen um die Würste wickeln. Teigenden leicht andrücken, auf ein mit Backpapier belegtes Blech legen, mit wenig Wasser bestreichen.
200 g 3 EL	**saurer Halbrahm** **Ketchup**	**Backen:** ca. 18 Min. in der Mitte des Ofens. Herausnehmen, mit wenig Wasser bestreichen. Sauren Halbrahm und Ketchup verrühren, dazu servieren.

Stück: 262 kcal, F 16 g, Kh 24 g, E 9 g

TIPP

Variante

Statt Merguez 6 Schweinswürstli, halbiert, verwenden.

Lässt sich vorbereiten

Würste ca. ½ Tag im Voraus umwickeln, zugedeckt im Kühlschrank aufbewahren. Kurz vor dem Servieren backen.

Knusper-Sonne

15 Min. + 18 Min. backen | vegetarisch | laktosefrei

Ergibt 32 Stück

2	**ausgewallte Blätterteige** (je ca. 32 cm Ø)	Ofen auf 220 Grad vorheizen. Einen Teig entrollen, mit dem Backpapier ins Blech ziehen.
3 EL 3 EL 1 ½ TL 1 EL	**Pesto** **Ajvar** (siehe Hinweis) **Ei** **Fleur de Sel** **Pinienkerne**	Teig abwechselnd ringförmig mit dem Pesto und mit dem Ajvar bestreichen, zweiten Teig entrollen, mit dem Backpapier nach oben darauflegen, Backpapier entfernen. Teig strahlenförmig 32 Mal bis ca. 4 cm zur Mitte hin einschneiden, Streifen verdrehen. Ei verklopfen, Teig damit bestreichen. Fleur de Sel und Kerne darüberstreuen.
		Backen: ca. 18 Min. in der unteren Hälfte des Ofens.

Stück: 81 kcal, F 6 g, Kh 7 g, E 1 g

TIPP

Hinweis

Ajvar ist ein Gemüsemus aus roten Peperoni oder aus einer Mischung von Peperoni und Auberginen. Erhältlich in grösseren Coop Supermärkten.

Lässt sich vorbereiten

Knusper-Sonne ca. ½ Tag im Voraus backen, auf einem Gitter auskühlen. Nach Belieben kurz vor dem Servieren ca. 2 Min. aufbacken.

Laugengebäck mit Kürbiskernen

10 Min. + 10 Min. backen | **vegetarisch** | **laktosefrei**

Ergibt 24 Stück

1	**ausgewallter Blätterteig** (ca. 25 × 42 cm)	Ofen auf 220 Grad vorheizen. Teig entrollen, in 24 gleich grosse Rechtecke schneide
1 Päckli 2 Prisen 1 EL 50 g ½ TL	**Natronpulver** (5 g) **Salz** **lauwarmes Wasser** **Kürbiskerne** **Chiliflocken**	Natron und Salz mit dem Wasser anrühren, Teig mi der Hälfte der Lauge bestreichen. Kürbiskerne grob hacken, mit den Chiliflocken auf dem Teig verteile Bei jedem Teigstück eine Ecke einschlagen, auf ein mit Backpapier belegtes Blech legen, mit restliche Lauge bestreichen.
		Backen: ca. 10 Min. in der Mitte des Ofens.

Stück: 63 kcal, F 4 g, Kh 5 g, E 1 g

TIPP

Lässt sich vorbereiten

Laugengebäck ca. ½ Tag im Voraus backen, auf einem Gitter auskühlen.

Speck-Muffins

20 Min. + 25 Min. backen

Für ein Muffinsblech mit 12 Vertiefungen von je ca. 7 cm Ø, gefettet, bemehlt oder mit Papier-Backförmchen ausgelegt

300 g	**Mehl**	Ofen auf 180 Grad vorheizen.
1 Päckli	**Backpulver**	Mehl, Backpulver und Salz in einer Schüssel mischen
1 TL	**Salz**	
2 dl	**Milch**	Milch, Öl, Eier und Senf verrühren, unter das Mehl
½ dl	**Olivenöl**	rühren. Salbei fein schneiden, Baumnusskerne grob
3	**Eier**	hacken, beides mit dem Speck beigeben, mischen.
1 EL	**grobkörniger Senf**	Teig im vorbereiteten Blech verteilen.
5	**Salbeiblätter**	
20 g	**Baumnusskerne**	
80 g	**Speckwürfeli**	
		Backen: ca. 25 Min. in der Mitte des Ofens. Herausnehmen, auf einem Gitter etwas abkühlen.

Stück: 186 kcal, F 9 g, Kh 19 g, E 7 g

TIPP

Genuss-Tipp

Die Muffins schmecken frisch und lauwarm am besten.

Tomaten-Käse-Schnittli

15 Min. + 10 Min. backen **vegetarisch**

Ergibt ca. 20 Stück

150 g	**Brot**	Ofen auf 220 Grad vorheizen. Brot in ca. 1 cm dicke Scheiben schneiden. Tomate entkernen, in Würfeli schneiden. Käse, Tomatenpüree, Rahm, Ei, Mehl und Thymian mischen, würzen. Tomatenwürfeli daruntermischen, Brotscheiben damit bestreichen, auf ein mit Backpapier belegtes Blech legen.
1	**Tomate**	
120 g	**geriebener Gruyère**	
2 EL	**Tomatenpüree**	
3 EL	**Rahm**	
1	**Ei**	
2 TL	**Mehl**	
2 TL	**Thymianblättchen**	
wenig	**Edelsüss-Paprika**	
2 Prisen	**Salz**	
einige	**Basilikumblätter**	**Backen:** ca. 10 Min. in der oberen Hälfte des Ofens. Herausnehmen, in Stücke schneiden, Basilikum darüberstreuen.

Stück: 57 kcal, F 3 g, Kh 4 g, E 3 g

TIPP

Lässt sich vorbereiten

Käsemasse ca. 1 Tag im Voraus zubereiten, zugedeckt im Kühlschrank aufbewahren. Brot kurz vor dem Servieren in Scheiben schneiden, bestreichen, backen, in Streifen schneiden und garnieren.

Crostini mit Hüttenkäse und Mostbröckl

15 Min. + 10 Min. backen

Ergibt 12 Stück

6	**Frischback-Brötli** (je ca. 60 g)	Ofen auf 220 Grad vorheizen.
60 g	**Mostbröckli**	Brötli quer halbieren, auf ein mit Backpapier beleg tes Blech legen. Mostbröckli fein, Petersilie grob schneiden, beides mit dem Hüttenkäse und der Hälft des Käses mischen. Masse auf die Brote verteilen, restlichen Käse darüberstreuen, Öl darüberträufelr
3	**Zweiglein glatt-blättrige Petersilie**	
200 g	**Hüttenkäse**	
4 EL	**geriebener Sbrinz**	
1 EL	**Olivenöl**	

Backen: ca. 10 Min. in der Mitte des Ofens.

Stück: 142 kcal, F 3 g, Kh 20 g, E 8 g

TIPP

Variante

Statt Frischback-Brötli 1 Baguette, in Scheiben, verwenden.

Hotdogs mit Sauerkraut

15 Min. + 12 Min. backen

Ergibt 8 Stück

250 g	**gekochtes Sauerkraut**	Ofen auf 220 Grad vorheizen.
2	**Frischback-Baguettes** (je 125 g)	Sauerkraut in einem Sieb gut ausdrücken. Baguettes quer und längs halbieren, auf ein mit Backpapier belegtes Blech legen. Brote mit dem Frischkäse bestreichen, Sauerkraut darauf verteilen. Würstli halbieren, darauflegen, etwas andrücken. Käse darüberstreuen.
3 EL	**Doppelrahm-Frischkäse**	
4	**Schweinswürstli** (je ca. 50 g)	
2 EL	**geriebener Gruyère**	
1 Bund	**Schnittlauch**	**Backen:** ca. 12 Min. in der Mitte des Ofens. Herausnehmen, Schnittlauch fein schneiden, darüberstreuen. Senf dazu servieren.
3 EL	**Honigsenf**	

Stück: 177 kcal, F 7 g, Kh 17 g, E 9 g

TIPP

Varianten

Statt Frischback-Baguettes 4 Hotdog-Brötli verwenden.
Statt Honigsenf Ketchup oder BBQ-Sauce dazu servieren.

Knusper-Zigarren

15 Min. + 12 Min. backen · laktosefrei

Ergibt 18 Stück

150 g	**Gruyère**	Ofen auf 200 Grad vorheizen. Käse in 18 Stängelchen schneiden, mit Bündnerfleisc umwickeln. Petersilie fein schneiden, mit dem Öl mischen.
18	**Tranchen Bündnerfleisch** (ca. 120 g)	
3	**Zweiglein Petersilie**	
3 EL	**Olivenöl**	
1 Päckli	**Strudelteig** (ca. 120 g)	Teigblätter sorgfältig auseinanderfalten, zwei Blätte mit wenig Petersilienöl bestreichen. Mit je einem Teigblatt bedecken, mit wenig Petersilienöl bestreichen. Teige längs und quer dritteln. Käsepäckli diagonal auf die Teigstücke legen. Von der Spitze her aufrollen, dabei seitliche Ränder einschlagen. Mit dem Verschluss nach unten auf ein mit Backpapier belegtes Blech legen, mit dem restlichen Petersilienöl bestreichen.
		Backen: ca. 12 Min. in der Mitte des Ofens.

Stück: 86 kcal, F 5 g, Kh 4 g, E 5 g

Strudel-Schnecken

15 Min. + 15 Min. backen **vegetarisch**

Ergibt ca. 24 Stück

1 Päckli	**Strudelteig** (ca. 120 g)	Ofen auf 200 Grad vorheizen.
3 EL	**Olivenöl**	Teigblätter sorgfältig auseinanderfalten, zwei Blätter mit wenig Öl bestreichen. Mit je einem Teigblatt bedecken, mit wenig Öl, dann mit dem Pesto bestreichen.
4 EL	**Tomatenpesto**	
50 g	**geschälte Mandeln**	
200 g	**Feta**	Mandeln grob hacken, Feta fein zerbröckeln, beides auf dem Pesto verteilen. Teige aufrollen, in ca. 3 cm dicke Scheiben schneiden, auf ein mit Backpapier belegtes Blech stellen. Käse darüberstreuen, mit dem restlichen Öl beträufeln.
2 EL	**geriebener Sbrinz**	
		Backen: ca. 15 Min. in der Mitte des Ofens.

Stück: 77 kcal, F 6 g, Kh 3 g, E 2 g

Strudel-Bonbons mit Rucola

15 Min. + 15 Min. backen **vegetarisch**

Ergibt 18 Stück

1 Bio-Zitrone
20 g Rucola
250 g Ricotta
½ TL Salz
wenig Pfeffer
50 g Butter

Ofen auf 200 Grad vorheizen.
Von der Zitrone die Hälfte der Schale abreiben, 2 TL Saft auspressen. Rucola fein schneiden, alles mit dem Ricotta verrühren, würzen. Butter in einer kleine[n] Pfanne schmelzen, etwas abkühlen.

1 Päckli Strudelteig (ca. 120 g)
¼ TL Fleur de Sel

Teigblätter sorgfältig auseinanderfalten, zwei Blätte[r] mit wenig Butter bestreichen. Mit je einem Teigblatt bedecken, mit wenig Butter bestreichen. Teige längs und quer dritteln. Je ca. 1 EL Ricottamasse in die Mitte der Teigstücke geben, aufrollen. Die Teigenden so verdrehen und zusammendrücken, dass Bonbons entstehen. Mit dem Verschluss nach unten auf ein mi[t] Backpapier belegtes Blech legen, mit der restlichen Butter bestreichen. Fleur de Sel darüberstreuen.

Backen: ca. 15 Min. in der Mitte des Ofens.

Stück: 68 kcal, F 5 g, Kh 5 g, E 2 g

TIPP

Variante

Statt Rucola Jungspinat oder Bärlauch verwenden.

Landjägerfladen

10 Min.+ 20 Min. backen **laktosefrei**

Ergibt ca. 32 Stück

800 g	**Pizzateig**	Ofen auf 240 Grad vorheizen.
2	**Landjäger**	Teig auf wenig Mehl rechteckig ca. 30 × 40 cm auswallen, in ein mit Backpapier belegtes Blech legen.
5	**entsteinte Oliven**	Landjäger in feine Scheiben schneiden. Oliven halbieren, Tomaten in Streifen schneiden, alles auf dem Teig verteilen. Öl und Thymian verrühren, die Hälfte davon über den Fladen träufeln.
5	**getrocknete Tomaten in Öl**	
2 EL	**Olivenöl**	
2 TL	**Thymianblättchen**	

Backen: ca. 20 Min. in der unteren Hälfte des Ofens. Herausnehmen, restliches Öl darüberträufeln.

Stück: 92 kcal, F 4 g, Kh 12 g, E 3 g

TIPP

Genuss-Tipp

Der Fladen schmeckt lauwarm am besten.

Varianten

Statt Thymian Rosmarin, fein geschnitten, verwenden. Oder Thymian weglassen, den gebackenen Fladen kurz vor dem Servieren mit Majoranblättchen garnieren.

Knusperpizza mit Rohschinken

10 Min. + 15 Min. backen

Ergibt ca. 12 Stück

1	**ausgewallter Pizzateig** (ca. 28 cm Ø)	Ofen auf 220 Grad vorheizen. Teig entrollen, mit dem Backpapier auf ein Blech legen. Teig mit Öl bestreichen, ein rundes Kuchengitter darauflegen, gut andrücken und zum Backen auf dem Teig lassen.
1 EL	**Olivenöl**	
		Backen: ca. 15 Min. in der unteren Hälfte des Ofens. Herausnehmen, Gitter entfernen.
100 g	**Crème fraîche**	Pizza in ca. 12 Stücke schneiden. Crème fraîche darauf verteilen, Schinken in Stücke zupfen, darauflegen. Oregano darüberstreuen, würzen.
100 g	**Rohschinken in Tranchen**	
einige	**Oreganoblättchen**	
wenig	**Pfeffer**	

Stück: 138 kcal, F 7 g, Kh 13 g, E 5 g

TIPP

Variante

Statt Rohschinken geräucherten Lachs oder geräucherte Forelle verwenden.

Mini-Calzoni

15 Min. + 15 Min. backen

Ergibt 16 Stück

1 2 EL	**ausgewallter Pizzateig** (ca. 28 × 38 cm) **Pesto**	Ofen auf 240 Grad vorheizen. Teig entrollen, mit einem Teigrädchen in 32 gleich grosse Rechtecke schneiden. Die Hälfte davon mit dem Pesto bestreichen.
50 g 1 Beutel	**Rohschinken** **Mozzarella Mini** (ca. 285 g)	Schinken fein schneiden, mit dem Mozzarella auf die bestrichenen Teigstücke verteilen. Restliche Teigstücke darauflegen, Ränder gut andrücken, auf ein mit Backpapier belegtes Blech legen, mit einer Gabel dicht einstechen.
2 1 EL	**Zweiglein Petersilie** **Olivenöl**	**Backen:** ca. 15 Min. in der unteren Hälfte des Ofens. Herausnehmen, Petersilie fein schneiden, mit dem Ö verrühren, Calzoni damit bestreichen.

Stück: 134 kcal, F 8 g, Kh 10 g, E 6 g

TIPP

Vegi-Variante

Statt Rohschinken einige Dörrtomaten in Öl, abgetropft, in feine Streifen geschnitten, verwenden.

Sesam-Stangen

10 Min. + 20 Min. backen | vegetarisch | laktosefrei

Apéro für 4 Personen

1	**ausgewallter Flammkuchenteig** (ca. 25 × 38 cm)	Ofen auf 200 Grad vorheizen. Teig entrollen, mit dem Backpapier auf ein Blech legen. Teig diagonal in ca. 2 cm breite Streifen schneiden.
1 ½ TL 2 TL 2 TL	**Ei** **Sambal Oelek** **schwarzer Sesam** **heller Sesam**	Ei mit dem Sambal Oelek verklopfen, Teig damit bestreichen. Sesam darüberstreuen.
		Backen: ca. 20 Min. in der Mitte des Ofens.

Portion: 230 kcal, F 8 g, Kh 31 g, E 7 g

TIPP

Lässt sich vorbereiten

Sesam-Stangen ca. ½ Tag im Voraus backen, auf einem Gitter auskühlen.

Pikante Birnen-Tarte

15 Min. + 25 Min. backen **vegetarisch**

Für ein Backblech von (28 cm Ø)
Ergibt ca. 16 Stück

1	**ausgewallter Dinkelkuchenteig** (ca. 32 cm Ø)	Ofen auf 220 Grad vorheizen. Teig entrollen, mit dem Backpapier ins Blech legen. Boden mit einer Gabel dicht einstechen.
40 g **130 g** **2** **2 TL** **¼ TL** **200 g** **1** **1** **2 TL**	**Baumnusskerne** **geriebener Gruyère** **Eier** **Mehl** **Salz** **Hüttenkäse** **Birne** **roter Peperoncino** **Thymianblättchen**	Baumnusskerne grob hacken, die Hälfte davon auf dem Teigboden verteilen. Käse, Eier, Mehl und Salz verrühren, abwechselnd mit dem Hüttenkäse auf den Baumnusskernen verteilen. Birne vierteln, Kerngehäuse entfernen, in Schnitze schneiden, Tarte damit belegen. Peperoncino entkernen, in Ringe schneiden, mit dem Thymian und den restlichen Baumnusskernen über die Tarte streuen.
2 Prisen	**Fleur de Sel**	**Backen:** ca. 25 Min. auf der untersten Rille des Ofens. Herausnehmen, Fleur de Sel darüberstreuen.

Stück: 147 kcal, F 10 g, Kh 8 g, E 6 g

Currywurst-Kranz

20 Min. + 30 Min. backen | laktosefrei

Ergibt ca. 18 Stück

1 **ausgewallter Kuchenteig** (ca. 25 × 42 cm)	Ofen auf 220 Grad vorheizen. Teig entrollen, quer halbieren.
2 EL **grobkörniger Senf** 1 TL **milder Curry** 2 **Schweinsbratwürste** (je ca. 100 g)	Senf und Curry verrühren, die unteren Teighälften do mit bestreichen, Würste darauflegen. Teige satt aufrollen, ca. 10 Min. kühl stellen. Die Rollen in ca. 2 c dicke Scheiben schneiden, in ein mit Backpapier belegtes Blech stellen.
100 g **Ketchup** 2 TL **milder Curry** 2 EL **Röstzwiebeln**	**Backen:** ca. 30 Min. in der Mitte des Ofens. Herausnehmen, Ketchup und Curry verrühren, Röstzwiebel darüberstreuen, zum Wurstkranz servieren.

Stück: 105 kcal, F 6 g, Kh 9 g, E 3 g

TIPP

Teigresten nicht wegwerfen

Die Teigenden der Rolle, die keine Wurstfüllung haben, falten und ebenfalls ins Blech zwischen die Rollen stellen.

Salami-Gipfeli

10 Min. + 15 Min. backen

Ergibt 12 Stück

1	**ausgewallter Kuchenteig** (ca. 32 cm Ø)	Ofen auf 220 Grad vorheizen. Teig entrollen, in 12 gleich grosse Kuchenstücke schneiden.
5 80 g 12 1	**Salbeiblätter** **Crème fraîche** **Scheiben Salami** (ca. 60 g) **Ei**	Salbei fein schneiden, mit der Crème fraîche verrühren. Füllung auf dem breiteren Teil der Teigstücke verteilen. Salami darauflegen, Teigstücke zur Spitze hin aufrollen. Gipfeli auf ein mit Backpapier belegte Blech legen, Ei verklopfen, Gipfeli damit bestreichen.
		Backen: ca. 15 Min. in der Mitte des Ofens.

Stück: 135 kcal, F 9 g, Kh 11 g, E 3 g

TIPP

Lässt sich vorbereiten

Gipfeli ca. ½ Tag im Voraus formen, zugedeckt im Kühlschrank aufbewahren. Kurz vor dem Servieren mit Ei bestreichen und backen.

Forellen-Gipfeli

15 Min. + 15 Min. backen

Ergibt 12 Stück

1	**ausgewallter Blätterteig** (ca. 32 cm Ø)	Ofen auf 220 Grad vorheizen. Teig entrollen, in 12 gleich grosse Kuchenstücke schneiden.
100 g **2** **50 g** **2 Prisen** **1**	**geräucherte Forelle** **Zweiglein Dill** **Frischkäse mit Meerrettich** **Salz** **Ei**	Fisch grob, Dill fein schneiden, mit dem Frischkäse mischen, salzen. Füllung auf dem breiteren Teil der Teigstücke verteilen. Ei verklopfen, Teigränder mit wenig Ei bestreichen, Teigstücke zur Spitze hin aufrollen. Gipfeli auf ein mit Backpapier belegtes Blech legen, mit einer Gabel dicht einstechen, mit restlichem Ei bestreichen.
		Backen: ca. 15 Min. in der Mitte des Ofens.

Stück: 115 kcal, F 7 g, Kh 9 g, E 4 g

TIPP

Lässt sich vorbereiten

Gipfeli ca. ½ Tag im Voraus formen, mit dem restlichen Ei separat zugedeckt im Kühlschrank aufbewahren. Kurz vor dem Servieren Gipfeli mit dem restlichen Ei bestreichen und backen.

Schinkengipfel

20 Min. + 15 Min. backen

Ergibt 16 Stück

200 g	**Hinterschinken in Tranchen**	Ofen auf 220 Grad vorheizen.
4	**Zweiglein Petersilie**	Schinken fein, Petersilie grob schneiden, mit dem Quark und dem Senf mischen, würzen.
150 g	**Rahmquark**	
2 TL	**grobkörniger Senf**	
¼ TL	**Salz**	
wenig	**Pfeffer**	
2	**ausgewallte Blätterteige** (je ca. 32 cm Ø)	Teige in je 8 gleich grosse Kuchenstücke schneiden. Füllung auf dem breiteren Teil der Teigstücke verteile… Ei verklopfen, Teigränder mit wenig Ei bestreichen, Teigstücke zur Spitze hin aufrollen, Enden gut zusammendrücken. Gipfel auf ein mit Backpapier belegtes Blech legen, mit restlichem Ei bestreichen.
1	**Ei**	
		Backen: ca. 15 Min. in der Mitte des Ofens.

Stück: 164 kcal, F 10 g, Kh 14 g, E 5 g

TIPP

Lässt sich vorbereiten

Gipfel ca. ½ Tag im Voraus formen, mit dem restlichen Ei separat zugedeckt im Kühlschrank aufbewahren. Kurz vor dem Servieren Gipfel mit dem restlichen Ei bestreichen und backen.

Speckschnecken

25 Min. + 15 Min. backen · laktosefrei

Ergibt ca. 20 Stück

1	**ausgewallter Blätterteig** (ca. 25 × 42 cm)	Ofen auf 220 Grad vorheizen. Teig entrollen, mit dem Pesto bestreichen.
4 EL	**rotes Pesto**	
3	**Zweiglein glattblättrige Petersilie**	Petersilie grob schneiden, Pistazien grob hacken, beides mit dem Speck auf dem Teig verteilen. Käse darüberstreuen. Teig von der Längsseite her satt aufrollen, Rolle ca. 10 Min. kühl stellen. Rolle in ca. 2 cm dicke Scheiben schneiden, an die Spiesschen stecken, mit genügend Abstand auf ein mit Backpapier belegtes Blech legen. Käse darüberstreuen.
3 EL	**ungesalzene geschälte Pistazien**	
80 g	**Speckwürfeli**	
2 EL	**geriebener Gruyère**	
20	**Holzspiesschen**	
1 EL	**geriebener Gruyère**	
		Backen: ca. 15 Min. in der Mitte des Ofens. Herausnehmen, etwas abkühlen, lauwarm servieren.

Stück: 98 kcal, F 7 g, Kh 7 g, E 2 g

TIPP

Variante

Statt rotem Pesto Basilikumpesto oder Tapenade verwenden.

Lässt sich vorbereiten

Teigrolle ca. ½ Tag im Voraus vorbereiten, zugedeckt im Kühlschrank aufbewahren. Kurz vor dem Servieren schneiden und backen.

Chäspäckli

10 Min. + 15 Min. backen — vegetarisch

Ergibt 12 Stück

1	**ausgewallter Blätterteig** (ca. 25 × 42 cm)	Ofen auf 220 Grad vorheizen. Teig entrollen, in 12 gleich grosse Rechtecke schneide mit einer Gabel dicht einstechen.
200 g 12 1 2 Prisen	**Weichkäse** (z. B. Président Carré Gourmet) **Baumnusskerne** **Ei** **Fleur de Sel**	Käse in 12 Stücke schneiden, auf die Mitte der Teigstücke legen, je 1 Baumnusskern darauflegen. Ei verklopfen, Teigränder mit wenig Ei bestreichen. Teig ecken über den Baumnusskernen zusammenlegen, etwas andrücken. Päckli auf ein mit Backpapier be legtes Blech legen, mit restlichem Ei bestreichen. Fleur de Sel darüberstreuen.
2 EL	**Preiselbeeren aus dem Glas**	**Backen:** ca. 15 Min. in der Mitte des Ofens. Herausnehmen, Preiselbeeren darauf verteilen.

Stück: 173 kcal, F 12 g, Kh 12 g, E 5 g

TIPP

Variante

Statt Président Carré Gourmet 160 g Pavé de Rougemont oder Pavé mit Trüffel verwenden.

Lässt sich vorbereiten

Chäspäckli ca. ½ Tag im Voraus formen, mit dem restlichen Ei separat zugedeckt im Kühlschrank aufbewahren. Kurz vor dem Servieren Päckli mit dem restlichen Ei bestreichen und backen.

Pilz-Speck-Fladen mit Feigen

15 Min. + 15 Min. backen

Ergibt ca. 16 Stück

1	**ausgewallter Pizzateig** (ca. 28 cm Ø)	Ofen auf 240 Grad vorheizen. Teig entrollen, mit dem Backpapier auf ein Blech lege etwas dünner und oval ausziehen.
100 g 1 EL 1 100 g ¼ TL wenig	**Crème fraîche** **Tomatenpüree** **rote Zwiebel** **Champignons** **Salz** **Pfeffer**	Crème fraîche und Tomatenpüree verrühren, auf dem Teig verteilen. Zwiebel schälen, in feine Ringe, Champignons in Scheiben schneiden, beides auf der Tomatencreme verteilen, würzen.
2 50 g 2 wenig	**Feigen** **Rohessspeck in Tranchen** **Zweiglein Majoran** **Pfeffer**	**Backen:** ca. 15 Min. auf der untersten Rille des Ofens Herausnehmen, Feigen in Schnitzchen schneiden, Speck halbieren, beides auf dem Fladen verteilen. Majoranblättchen abzupfen, darüberstreuen, würzen.

Stück: 103 kcal, F 5 g, Kh 11 g, E 3 g

Pizzette verdi

15 Min. + 18 Min. backen · vegetarisch

Ergibt 6 Stück

1 100 g	**ausgewallter Pizzateig** (ca. 28 × 38 cm) **Mascarpone**	Ofen auf 240 Grad vorheizen. Teig entrollen, in 6 gleich grosse Rechtecke schneiden Teigecken einschlagen, mit dem Backpapier auf ein Blech ziehen. Teig mit dem Mascarpone bestreichen
1 1 50 g ½ TL wenig 3 EL 1 EL	**Zucchini** (ca. 200 g) **Bundzwiebel mit dem Grün** **tiefgekühlte Erbsli,** angetaut **Salz** **Pfeffer** **geriebener Parmesan** **Olivenöl**	Zucchini in ca. 3 mm dicke Scheiben hobeln, Bundzwiebel in feine Ringe schneiden, beides mit den Erbsli auf dem Mascarpone verteilen, würzen. Käse darüberstreuen, Öl darüberträufeln.
2	**Zweiglein Pfefferminze**	**Backen:** ca. 18 Min. auf der untersten Rille des Ofens Herausnehmen, Pfefferminzblättchen abzupfen, darüberstreuen.

Stück: 399 kcal, F 19 g, Kh 46 g, E 11 g

TIPP

Genuss-Tipp

Die Pizzette schmecken am besten heiss oder lauwarm.

Variante

1 roter Peperoncino, entkernt, in feinen Ringen, vor dem Backen auf den Pizzette verteilen.

Kürbispizza

15 Min. + 25 Min. backen **vegetarisch**

Ergibt 16 Stück

1	**ausgewallter Pizzateig** (ca. 28 × 38 cm)	Ofen auf 240 Grad vorheizen. Teig entrollen, mit dem Backpapier in ein Blech ziehen, Teigrand rundum ca. 1 cm breit einschlagen. Teig mit der Crème fraîche bestreichen.
200 g	**Crème fraîche**	
300 g	**Kürbis** (z. B. Butternut)	Kürbis schälen, grob reiben, Peperoncino entkernen, fein hacken, beides mit dem Öl mischen, salzen, auf der Crème fraîche verteilen. Kürbiskerne grob hacken, darüberstreuen.
1	**roter Peperoncino**	
1 EL	**Olivenöl**	
½ TL	**Salz**	
2 EL	**Kürbiskerne**	
4	**Zweiglein Oregano**	**Backen:** ca. 25 Min. auf der untersten Rille des Ofens. Herausnehmen, Oreganoblättchen abzupfen, darüberstreuen.

Stück: 164 kcal, F 9 g, Kh 19 g, E 3 g

TIPP

Nicht alle mögens rassig

Falls nicht alle die Schärfe des Peperoncinos mögen, diesen nur über einen Teil der Pizza streuen.

Schinken-Quadrini

10 Min. + 15 Min. backen

Ergibt 32 Stück

1	**ausgewallter Pizzateig** (ca. 28 × 38 cm)	Ofen auf 240 Grad vorheizen. Teig entrollen, in 32 gleich grosse Rechtecke schneiden, mit dem Backpapier in ein Blech ziehen.
3 EL 50 g 150 g	**Pesto** **Hinterschinken in Tranchen** **Mozzarella**	Pesto auf die Mitte der Teigstücke verteilen. Schinken fein schneiden, darauf verteilen. Mozzarella grob reiben, darüberstreuen.
wenig	**Pfeffer**	**Backen:** ca. 15 Min. in der unteren Hälfte des Ofens. Herausnehmen, würzen.

Stück: 75 kcal, F 3 g, Kh 8 g, E 3 g

Fleischkäsebrote

10 Min. + 20 Min. backen **laktosefrei**

Ergibt ca. 20 Stück

250 g	**Ruchbrot** (siehe Hinweis)	Ofen auf 220 Grad vorheizen. Brot längs in 4 Scheiben schneiden, mit Senf bestreichen. Petersilie grob schneiden, mit dem Fleischkäse mischen, auf den Brotscheiben verteilen, auf ein Backblech legen.
3 EL	**Senf**	
½ Bund	**glattblättrige Petersilie**	
500 g	**Fleischkäse zum Selberbacken** (Kalbsbrät)	
5	**Essiggurken**	**Backen:** ca. 20 Min. in der Mitte des Ofens. Herausnehmen, in Stücke schneiden. Gurken in Scheiben schneiden, mit Zahnstochern auf die Fleischkäsebrote stecken oder separat dazu servieren.

Stück: 101 kcal, F 7 g, Kh 6 g, E 4 g

TIPP

Hinweis

Kaufen Sie ein Ruchbrot von 250 g und schneiden Sie es längs in Scheiben. Alternativ eignet sich auch ein 500-g-Ruchbrot. Schneiden Sie davon die Hälfte quer in Scheiben.

Lässt sich vorbereiten

Brote ca. ½ Tag im Voraus bestreichen, zugedeckt im Kühlschrank aufbewahren. Kurz vor dem Servieren backen und garnieren.

Crostini mit Feta und Oliven

10 Min. + 10 Min. backen **vegetarisch**

Ergibt ca. 12 Stück

2	**Brötchen** (z. B. Pagnol, je ca. 100 g)	Ofen auf 220 Grad vorheizen. Brötchen halbieren, auf ein Backblech legen, mit dem Öl beträufeln.
1 EL	**Olivenöl**	
200 g	**Feta**	Feta fein zerbröckeln, sauren Halbrahm mit einer Gabel gut daruntermischen, auf den Brötchen verteilen.
100 g	**saurer Halbrahm**	
50 g	**entsteinte Oliven**	**Backen:** ca. 10 Min. in der oberen Hälfte des Ofens. Herausnehmen, Oliven halbieren, Pistazien grob hacken, mit der Pfefferminze darüberstreuen. Honig darüberträufeln, würzen.
1 EL	**Pistazien**	
einige	**Pfefferminzblätter**	
2 TL	**flüssiger Honig**	
wenig	**Pfeffer**	

Stück: 131 kcal, F 8 g, Kh 9 g, E 5 g

Füllen und belegen

Jetzt dürfen Sie für einmal hemmungslos dick auftragen, aufschneiden und hochstapeln – und alle Ihre Gäste werden Sie genau dafür lieben, garantiert!

Toast-Variationen

15 Min.

Ergibt 18 Stück

2	**Essiggurken**
2	**Zweiglein Petersilie**
125 g	**Frischkäse nature**
1 EL	**grobkörniger Senf**
¼	**Gurke** (ca. 100 g)
9	**Scheiben Toastbrot**
100 g	**Roastbeef in Tranchen**
100 g	**geräucherter Lachs in Tranchen**
wenig	**Micro Greens**

Essiggurken und Petersilie fein hacken, mit dem Frischkäse und dem Senf verrühren. Gurke in feine Scheiben schneiden. Brote toasten, diagonal halbieren, mit dem Frischkäse bestreichen. Je 6 Toasts mit Roastbeef, Lachs und Gurke belegen. Micro Greens darauf verteilen.

Stück: 75 kcal, F 4 g, Kh 6 g, E 4 g

TIPP

Varianten

Statt geräucherten Lachs geräucherte Forelle, statt Gurke Radiesli verwenden.

Lässt sich vorbereiten

Frischkäse ca. ½ Tag im Voraus zubereiten, zugedeckt im Kühlschrank aufbewahren.

Eierbrötli

10 Min. vegetarisch

Ergibt ca. 18 Stück

½ Bund	**Schnittlauch**
2	**hart gekochte Eier**
100 g	**Rahmquark**
¼ TL	**Salz**
wenig	**Pfeffer**
3	**Weggli**
1 EL	**Senf**

Schnittlauch fein schneiden, Eier schälen, grob hacken, beides mit dem Quark mischen, würzen. Weggli aufschneiden, mit dem Senf bestreichen. Eierfüllung darauf verteilen, Wegglideckel aufsetzen, in je ca. 6 Stücke schneiden, mit Zahnstochern fixieren.

Stück: 51 kcal, F 2 g, Kh 5 g, E 2 g

TIPP

Variante
Eimasse nach Belieben mit Curry oder Cayennepfeffer verfeinern.

Lässt sich vorbereiten
Eimasse ca. ½ Tag im Voraus zubereiten, zugedeckt im Kühlschrank aufbewahren. Weggli kurz vor dem Servieren füllen.

Rüebli-Laugen-Bruschette

15 Min. | **vegetarisch**

Ergibt 8 Stück

2	**Laugenzöpfli** (je ca. 100 g)	Zöpfli längs aufschneiden, toasten, halbieren.
1	**Rüebli** (ca. 100 g)	Rüebli schälen, mit dem Apfel grob reiben. Zitronensaft, sauren Halbrahm und Sambal Oelek daruntermischen, salzen. Rüeblimasse auf den Zöpflischeiben verteilen. Kerbelblättchen abzupfen, darauf verteilen.
1	**rotschaliger Apfel**	
1 TL	**Zitronensaft**	
100 g	**saurer Halbrahm**	
¼ TL	**Sambal Oelek**	
2 Prisen	**Fleur de Sel**	
2	**Zweiglein Kerbel**	

Stück: 103 kcal, F 3 g, Kh 15 g, E 3 g

TIPP

Varianten

Statt Laugenzöpfli ca. 200 g Baguette, in Scheiben, verwenden.
Statt Rüebli Kohlrabi oder Sellerie verwenden.

Lässt sich vorbereiten

Rüeblimasse ca. ½ Tag im Voraus zubereiten, zugedeckt im Kühlschrank aufbewahren.

Bruschette mit Burrata und Prosciutto

15 Min. + 3 Min. backen

Ergibt ca. 12 Stück

200 g	**Brot** (z. B. Pagnol)	Ofen auf 240 Grad vorheizen.
1 EL	**Olivenöl**	Brot schräg in ca. 12 Scheiben schneiden, auf ein Backblech legen, mit dem Öl beträufeln.
		Backen: ca. 3 Min. in der oberen Hälfte des Ofens. Herausnehmen.
4 EL	**Pesto**	Bruschette mit je ca. 1 TL Pesto bestreichen. Rohschinken und Käse in Stücke zupfen, darauf verteilen. Crema di balsamico darüberträufeln, Rucola darauf verteilen.
100 g	**Rohschinken in Tranchen** (z. B. Prosciutto di Parma)	
200 g	**Burrata** (z. B. Piccola)	
2 TL	**Crema di balsamico**	
wenig	**Rucola**	

Stück: 159 kcal, F 11 g, Kh 9 g, E 7 g

TIPP

Variante

Statt Burrata Büffelmozzarella verwenden.

Lässt sich vorbereiten

Brotscheiben ca. ½ Tag im Voraus backen.

Vitello-tonnato-Crostini

15 Min. + 3 Min. backen **laktosefrei**

Ergibt ca. 20 Stück

200 g	**Brot** (z. B. Baguette)	Ofen auf 240 Grad vorheizen.
1 EL	**Olivenöl**	Brot in ca. 20 Scheiben schneiden, auf ein Backblech legen, mit dem Öl beträufeln.
		Backen: ca. 3 Min. in der oberen Hälfte des Ofens. Herausnehmen.
1 Dose	**Thon in Salzwasser** (ca. 200 g)	Thon abtropfen, zerzupfen, Petersilie fein scheiden, beides mit der Mayonnaise und den Kapern mischen salzen. Fleischtranchen auf die Arbeitsfläche legen, Thonmasse darauf verteilen, falten, auf die Crostini legen. Piment d'Espelette darüberstreuen.
2	**Zweiglein glatt-blättrige Petersilie**	
2 EL	**Mayonnaise**	
1 EL	**Kapern**	
2 Prisen	**Salz**	
20	**Tranchen Kalbsbraten** (ca. 150 g)	
wenig	**Piment d'Espelette** (siehe Hinweis)	

Stück: 68 kcal, F 3 g, Kh 6 g, E 5 g

TIPP

Hinweis

Piment d'Espelette ist ein Chilipulver aus dem Baskenland. Es ist in grösseren Coop Supermärkten oder in Spezialitätenläden erhältlich. Ersatz: Cayennepfeffer.

Lässt sich vorbereiten

Crostini und Thonmasse ca. ½ Tag im Voraus zubereiten. Thonmasse zugedeckt im Kühlschrank aufbewahren.

Oliven-Toasts

15 Min. | vegetarisch | laktosefrei

Ergibt 20 Stück

100 g	**entsteinte grüne Oliven**	Oliven und Kapern fein, Pistazien grob hacken und Basilikum fein schneiden, alles in eine Schüssel geben. Von der Zitrone die Hälfte der Schale dazureiben, 2 TL Saft dazupressen, Käse und Öl daruntermischen würzen.
1 EL	**Kapern**	
2 EL	**ungesalzene geschälte Pistazien**	
5	**Basilikumblätter**	
1	**Bio-Zitrone**	
2 EL	**geriebener Parmesan**	
1 EL	**Olivenöl**	
	Salz, Pfeffer, nach Bedarf	
5	**Scheiben Toastbrot**	Brote toasten, mit der Olivenpaste bestreichen. Toasts vierteln.

Stück: 41 kcal, F 3 g, Kh 3 g, E 1 g

TIPP

Variante

Statt grüne schwarze Oliven oder Dörrtomaten in Öl, abgetropft, verwenden.

Lässt sich vorbereiten

Olivenpaste ca. 1 Tag im Voraus zubereiten, zugedeckt im Kühlschrank aufbewahren.

Lachs-Avocado-Brötli

15 Min. laktosefrei

Ergibt ca. 16 Stück

200 g	**Brot** (z. B. Tessiner)	Brot in ca. 8 Scheiben schneiden, toasten, halbieren
1 150 g 3 1 1 2 Prisen	**Avocado** **geräuchertes Lachsfilet am Stück** **Zweiglein Koriander** **roter Chili** **Limette** **Fleur de Sel**	Avocado halbieren, Fruchtfleisch und Lachs in Würfel Koriander fein schneiden. Chili entkernen, fein hacken, alles in eine Schüssel geben. Limette heiss abspülen, trocken tupfen, wenig Schale dazureiben, 3 TL Saft dazupressen, sorgfältig mischen, salzen. Tatar auf den Toasts verteilen.

Stück: 65 kcal, F 3 g, Kh 6 g, E 4 g

TIPP

Lässt sich vorbereiten

Toasts und Tatar ca. ½ Tag im Voraus zubereiten. Tatar zugedeckt im Kühlschrank aufbewahren.

Radiesli-Crostini

15 Min. + 3 Min. backen **vegetarisch**

Ergibt ca. 24 Stück

200 g	**Brot** (z. B. Baguette) **Olivenöl**	Ofen auf 240 Grad vorheizen. Brot in ca. 24 Scheiben schneiden, auf ein Backblech legen, mit dem Öl beträufeln.
1 EL		
		Backen: ca. 3 Min. in der oberen Hälfte des Ofens. Herausnehmen.
1 Bund	**Radiesli mit wenig Grün**	Radiesli in feine Scheiben schneiden, wenig Radiesli grün fein schneiden. Butter, Kurkuma und Radiesli-grün in eine Schüssel geben, mit den Schwingbesen des Handrührgeräts ca. 2 Min. schaumig rühren. Crostini damit bestreichen. Radiesli darauf verteilen
100 g	**gesalzene Butter,** weich	
1 TL	**Kurkuma**	

Stück: 58 kcal, F 4 g, Kh 5 g, E 1 g

TIPP

Variante
Statt Kurkuma Dukkah verwenden.

Lässt sich vorbereiten
Crostini und Kurkumabutter ca. ½ Tag im Voraus zubereiten, Butter zugedeckt im Kühlschrank aufbewahren.

Bruschette mit weissen Bohnen

15 Min. + 3 Min. backen · **vegan** · **laktosefrei**

Ergibt ca. 12 Stück

250 g	**Ruchbrot**	Ofen auf 240 Grad vorheizen.
1 EL	**Olivenöl**	Brot in ca. 6 Scheiben schneiden, auf ein Backblech legen, mit dem Öl beträufeln.
		Rösten: ca. 3 Min. in der oberen Hälfte des Ofens. Herausnehmen, Bruschette halbieren.
1 Dose	**Cannellini-Bohnen** (ca. 400 g)	Bohnen abspülen, abtropfen, ¾ davon in einer Schüssel mit einer Gabel zerdrücken. Petersilie fein schneiden, Pistazien grob hacken, beides beigeben. Von der Orange Schale abreiben, beiseite stellen. Von der Orange Boden und Deckel, dann Schale ringsum bis auf das Fruchtfleisch wegschneiden. Orange in Würfeli schneiden, mit dem entstandenen Saft, dem Öl und den restlichen Bohnen in die Schüssel geben, mischen, würzen. Bohnen auf den Bruschette verteilen, mit der beiseite gestellten Orangenschale bestreuen.
4	**Zweiglein glattblättrige Petersilie**	
1 EL	**ungesalzene geschälte Pistazien**	
1	**Bio-Orange**	
1 EL	**Olivenöl**	
¼ TL	**Salz**	
wenig	**Pfeffer**	

Stück: 93 kcal, F 3 g, Kh 13 g, E 3 g

TIPP

Variante

Statt Cannellini-Bohnen rote Bohnen oder Kichererbsen verwenden.

Lässt sich vorbereiten

Bruschette und Bohnen ca. ½ Tag im Voraus zubereiten. Bohnen zugedeckt im Kühlschrank aufbewahren.

Crevetten-Smörrebröd

10 Min.

Ergibt 12 Stück

160 g	**Cocktailcrevetten** (MSC)
2 EL	**Crème fraîche**
1 EL	**Ketchup**
3 EL	**Preiselbeeren aus dem Glas**
wenig	**Pfeffer**
3	**Scheiben Pumpernickel** (ca. 90 g)
3	**Zweiglein Kerbel**

Crevetten abspülen, abtropfen, trocken tupfen. Crèm fraîche, Ketchup und 2 TL Preiselbeeren verrühren, würzen. Pumpernickel vierteln, Crevetten und Sauc darauf verteilen. Kerbelblättchen abzupfen, darauf verteilen, mit den restlichen Preiselbeeren garnierer

Stück: 43 kcal, F 1 g, Kh 5 g, E 3 g

TIPP

Vegi-Variante

Statt Crevetten geräucherten Tofu, in Würfeli, verwenden.

Früchtebrot mit Tête de Moine

10 Min. **vegetarisch**

Ergibt ca. 12 Stück

150 g Früchtebrot (z. B. Bauernbirnbrot)
30 g Butter, weich
110 g Tête-de-Moine-Rosetten
6 Baumnusskerne
2 EL Feigen-Chutney (z. B. Figues-Moutarde)

Brot in ca. 12 Scheiben schneiden, mit der Butter bestreichen. Käse darauf verteilen. Baumnusskerne halbieren, darauflegen, mit dem Chutney garnieren.

Stück: 101 kcal, F 6 g, Kh 8 g, E 3 g

TIPP

Variante
Statt Feigen-Chutney Honigsenf oder grobkörnigen Senf verwenden.

Lässt sich vorbereiten
Brote ca. ½ Tag im Voraus zubereiten, zugedeckt im Kühlschrank aufbewahren.

Forelle-Kaviar-Häppli

5 Min.

Ergibt 16 Stück

16	**Pumpernickel-Rondellen** (ca. 150 g)
125 g	**Doppelrahm-Frischkäse**
50 g	**Forellen-Kaviar**
wenig	**Micro Greens**
wenig	**Pfeffer**

Pumpernickel mit dem Frischkäse bestreichen. Kaviar darauf verteilen, mit den Micro Greens garnieren, Pfeffer darüberstreuen.

Stück: 53 kcal, F 3 g, Kh 4 g, E 2 g

TIPP

Varianten

Statt Doppelrahm-Frischkäse Frischkäse mit Meerrettich oder Kräutern verwenden. Statt Forellen-Kaviar Balsamico-Perlen verwenden.

Lässt sich vorbereiten

Häppli ca. ½ Tag im Voraus zubereiten, zugedeckt im Kühlschrank aufbewahren.

Tortilla-Rohschinken-Rollen

10 Min.

Ergibt ca. 12 Stück

1	**Bio-Zitrone**
1	**roter Peperoncino**
6	**Basilikumblätter**
150 g	**Mascarpone**
2 Prisen	**Salz**
3	**Weizen-Tortillas** (ca. 180 g)
120 g	**Rohschinken in Tranchen**

Von der Zitrone die Hälfte der Schale abreiben, 1 TL Saft auspressen. Peperoncino entkernen, fein hacken, Basilikum grob schneiden, alles mit dem Mascarpone glatt rühren, salzen. Tortillas mit der Mascarponemasse bestreichen, Rohschinken darauflegen, satt aufrollen. Rollen in je ca. 4 Stücke schneiden.

Stück: 125 kcal, F 8 g, Kh 8 g, E 5 g

TIPP

Vegi-Variante

Statt Rohschinken ½ Gurke, längs in Streifen geschnitten, verwenden.

Lässt sich vorbereiten

Rollen ca. ½ Tag im Voraus zubereiten, zugedeckt im Kühlschrank aufbewahren. Rollen kurz vor dem Servieren in Stücke schneiden.

Tortilla-Gipfeli mit Thon

15 Min.

Ergibt 16 Stück

1 Dose	**Thon in Salzwasser** (MSC, ca. 200 g)
1 Bund	**Schnittlauch**
100 g	**Crème fraîche**
½ TL	**milder Curry**
2 Prisen	**Salz**
2	**Weizen-Tortillas** (ca. 120 g)

Thon abtropfen, zerzupfen, die Hälfte des Schnittlauchs fein schneiden, beides mit der Crème fraîche und dem Curry mischen, salzen. Tortillas in je 8 gleich grosse Kuchenstücke schneiden. Füllung darauf verteilen, zur Spitze hin aufrollen. Gipfeli mit dem restlichen Schnittlauch binden.

Stück: 55 kcal, F 3 g, Kh 4 g, E 3 g

TIPP

Vegi-Variante
Statt Thon 1 Rüebli, fein gerieben, verwenden.

Lässt sich vorbereiten
Gipfeli ca. ½ Tag im Voraus zubereiten, zugedeckt im Kühlschrank aufbewahren.

Randen-Hummus-Ecken

20 Min. **vegan** **laktosefrei**

Ergibt ca. 12 Stück

1 Dose	**Kichererbsen** (ca. 215 g)	Kichererbsen abspülen, abtropfen, Rande schälen, in Stücke schneiden, beides mit den Himbeeren, dem Öl und dem Zitronensaft pürieren, würzen.
1	**kleine gekochte Rande** (ca. 100 g)	
30 g	**tiefgekühlte Himbeeren,** angetaut	
3 EL	**Olivenöl**	
1 TL	**Zitronensaft**	
¼ TL	**Dukkah** (siehe Hinweis)	
½ TL	**Salz**	
wenig	**Pfeffer**	
5	**Mini-Weizentortillas** (ca. 150 g)	¾ des Randen-Hummus auf 4 Tortillas verteilen, diese aufeinanderlegen. Restliche Tortilla darauflegen, leicht andrücken. Tortilla-Schichttorte in ca. 12 Stücke schneiden. Kresse darauf verteilen. Restliches Hummus dazu servieren.
wenig	**Kresse**	

Stück: 74 kcal, F 4 g, Kh 8 g, E 2 g

TIPP

Hinweis

Dukkah ist eine afrikanisch-orientalische Nuss-Gewürz-Mischung ägyptischer Herkunft. Erhältlich in grösseren Coop Supermärkten. Ersatz: Curry.

Lässt sich vorbereiten

Tortilla-Schichttorte ca. ½ Tag im Voraus zubereiten, zugedeckt im Kühlschrank aufbewahren.

Quesadillas

10 Min. + 6 Min. backen | **vegetarisch** | **laktosefrei**

Ergibt ca. 16 Stück

1	**Avocado**	Ofen auf 200 Grad vorheizen.
1	**Limette**	Avocado halbieren, Fruchtfleisch in eine Schüssel geben, mit einer Gabel zerdrücken. Limette heiss abspülen, trocken tupfen, wenig Schale dazureiben, 2 TL Saft dazupressen. Schnittlauch fein schneiden, mit den Chiliflocken daruntermischen, salzen.
1 Bund	**Schnittlauch**	
¼ TL	**Chiliflocken**	
¼ TL	**Salz**	
4	**Weizen-Tortillas** (ca. 150 g)	Zwei Tortillas auf ein mit Backpapier belegtes Blech legen. Avocadomasse darauf verteilen, Käse darüberstreuen, dabei ringsum einen Rand von ca. 1 cm frei lassen. Rand mit wenig Öl bestreichen, mit je einer Tortilla belegen, Rand gut andrücken, Tortillas mit restlichem Öl bestreichen.
100 g	**geriebener Gruyère**	
1 EL	**Olivenöl**	
		Backen: ca. 6 Min. in der oberen Hälfte des Ofens. Herausnehmen, in je ca. 8 Stücke schneiden, warm servieren.

Stück: 75 kcal, F 5 g, Kh 5 g, E 3 g

TIPP

Quesadillas nacheinander backen, so sind sie beide beim Servieren noch warm.

Variante

Statt Schnittlauch und Gruyère Koriander und Manchego verwenden.

Lässt sich vorbereiten

Avocadomasse ca. ½ Tag im Voraus zubereiten, zugedeckt im Kühlschrank aufbewahren.

WARE
MADE IN THE USA

Feigen-Ziegenkäse-Crackers

10 Min. vegetarisch

Ergibt ca. 20 Stück

4	**Knäckebrote** (z. B. 3-Saaten, ca. 100 g)
150 g	**Ziegenfrischkäse** (z. B. Chauroux Pyramide)
3	**Feigen**
2	**Zweiglein Thymian**
2 TL	**flüssiger Honig**
wenig	**Pfeffer**

Jedes Knäckebrot in ca. 5 Stücke brechen, mit dem Frischkäse bestreichen. Feigen in Schnitze schneiden, darauf verteilen. Thymianblättchen abzupfen darüberstreuen, Honig darüberträufeln, würzen.

Stück: 39 kcal, F 2 g, Kh 4 g, E 2 g

TIPP

Varianten
Statt Ziegenfrischkäse Doppelrahm-Frischkäse verwenden.
Statt Feigen Pfirsiche oder Zwetschgen verwenden.

Lässt sich vorbereiten
Knäckebrote ca. ½ Tag im Voraus belegen, zugedeckt im Kühlschrank aufbewahren. Honig kurz vor dem Servieren darüberträufeln.

Pastrami-Bagels

15 Min. + 5 Min. backen

Ergibt ca. 12 Stück

2	**Frischback-Sesam-Bagels** (je ca. 85 g)	Ofen auf 220 Grad vorheizen. Bagels auf ein Backblech legen.
		Backen: ca. 5 Min. in der Mitte des Ofens. Herausnehmen, etwas abkühlen, quer halbieren.
100 g ½ 100 g	**Rahmquark** **Zucchini** (ca. 100 g) **Pastrami in Tranchen**	Bagels mit dem Quark bestreichen. Zucchini in Scheibchen schneiden, mit dem Pastrami auf die Bagelböden legen, Deckel darauflegen, in je ca. 6 Stücke schneiden.

Stück: 61 kcal, F 2 g, Kh 7 g, E 4 g

TIPP

Variante
Statt Pastrami Roastbeef in Tranchen verwenden.

Lässt sich vorbereiten
Bagels ca. 2 Std. im Voraus zubereiten, zugedeckt im Kühlschrank aufbewahren.

Lachs-Pittas

15 Min. + 6 Min. backen

Ergibt ca. 18 Stück

3	**Pittabrote** (ca. 200 g)	Ofen auf 220 Grad vorheizen. Pittabrote auf ein Backblech legen.
		Backen: ca. 6 Min. in der Mitte des Ofens. Herausnehmen, etwas abkühlen, aufschneiden.
100 g 160 g 5 3 3 TL	**Frischkäse mit Pfeffer** **Graved-Lachs in Tranchen** **Erdbeeren** **Zweiglein Dill** **Honigsenf**	Pittabrotböden mit dem Frischkäse bestreichen, Brotdeckel darauflegen, in je ca. 6 Stücke schneiden. Lachs in Stücke zupfen, Erdbeeren in Scheiben schneiden, beides darauflegen. Dill zerzupfen, darauf verteilen, mit dem Senf garnieren.

Stück: 63 kcal, F 3 g, Kh 6 g, E 3 g

TIPP

Lässt sich vorbereiten

Pittabrote ca. 2 Std. im Voraus backen, ausgekühlt mit Frischkäse füllen. Kurz vor dem Servieren belegen.

Antipasti-Stängel

15 Min. laktosefrei

Ergibt ca. 16 Stück

200 g	**Weissbrot** (z. B. Ciabatta) **Öl** zum Braten	Brot in ca. 16 Stängel schneiden. Wenig Öl in einer beschichteten Bratpfanne heiss werden lassen. Brotstängel portionenweise rundum ca. 4 Min. knusprig braten.
1 Glas **100 g** **2** **wenig**	**Peperoni in Öl** (ca. 290 g) **Rohschinken in Tranchen** **Zweiglein Basilikum** **Pfeffer**	Peperoni abtropfen, auf die Brotstängel legen, dabei ¼ des Brotstängels frei lassen. Rohschinken längs halbieren, Stängel damit umwickeln. Basilikumblätter abzupfen, darauf verteilen, Pfeffer darüberstreuen.

Stück: 60 kcal, F 3 g, Kh 6 g, E 3 g

TIPP

Variante

Statt Peperoni getrocknete Tomaten oder Artischocken in Öl, halbiert, verwenden.

Lässt sich vorbereiten

Antipasti-Stängel ca. ½ Tag im Voraus zubereiten, zugedeckt im Kühlschrank aufbewahren.

Masgonzola-Blinis

10 Min. **vegetarisch**

Ergibt 16 Stück

- **16** **Blinis** (ca. 135 g; siehe Hinweis)
- **2 EL** **Pesto**
- **150 g** **Masgonzola** (Gorgonzola und Mascarpone)
- **3** **Zweiglein Kerbel**
- **16** **gebrannte Mandeln** oder Rauchmandeln (ca. 20 g)

Blinis toasten oder in einer beschichteten Bratpfanne ohne Fett heiss werden lassen. Pesto auf den Blinis verteilen, Käse in Stücke schneiden, darauflegen. Kerbelblättchen abzupfen, mit den Mandeln darauf verteilen.

Stück: 92 kcal, F 8 g, Kh 4 g, E 2 g

TIPP

Hinweis

Blinis sind kleine Crêpes aus Buchweizenmehl. Sie sind in grösseren Coop Supermärkten im Fischkühlregal erhältlich. Statt Blinis 4 Scheiben Toastbrot, geviertelt, verwenden.

Gefüllte Snack-Peperoni

10 Min. vegetarisch glutenfrei

Ergibt 20 Stück

10	**Snack-Peperoni** (ca. 200 g)
125 g	**Doppelrahm-Frischkäse**
1	**Bio-Zitrone**
5	**Dörrtomaten in Öl**
20 g	**Haselnüsse**
5	**Basilikumblätter**

Peperoni halbieren, entkernen. Frischkäse verrühren, von der Zitrone die Hälfte der Schale dazureiben, 1 TL Saft dazupressen. Tomaten abtropfen, mit den Nüssen grob hacken, Basilikum fein schneiden, alles daruntermischen. Peperoni damit füllen.

Stück: 35 kcal, F 3 g, Kh 1 g, E 1 g

TIPP

Variante

Statt Haselnüsse Dörraprikosen oder entsteinte Oliven verwenden.

Lässt sich vorbereiten

Peperoni ca. ½ Tag im Voraus füllen, zugedeckt im Kühlschrank aufbewahren.

Zucchini-Röllchen

20 Min. · **vegetarisch** · **glutenfrei**

Ergibt ca. 20 Stück

2	**Zucchini** (je ca. 200 g) **Salzwasser,** siedend	Zucchini längs in ca. 3 mm dicke Scheiben hobeln, im siedenden Salzwasser ca. 1 Min. knapp weich kochen, mit einer Schaumkelle herausnehmen, kurz in eiskaltes Wasser legen, abtropfen, trocken tupfen.
250 g **1** **30 g** **½ Bund** **3 Prisen**	**Ricotta** **Limette** **Wasabi-Nüsse** **Koriander** **Salz**	Ricotta gut verrühren. Limette heiss abspülen, trocken tupfen, wenig Schale dazureiben, 1 TL Saft dazupressen. Nüsse fein hacken, Koriander fein schneiden, beides daruntermischen, salzen. Zucchinischeiben auf die Arbeitsfläche legen, mit der Ricottamasse bestreichen, aufrollen.

Stück: 30 kcal, F 2 g, Kh 1 g, E 2 g

TIPP

Variante

Statt Koriander Dill oder Pfefferminze verwenden.

Lässt sich vorbereiten

Zucchini-Röllchen ca. ½ Tag im Voraus zubereiten, zugedeckt im Kühlschrank aufbewahren.

Auberginen-Schiffchen

15 Min. + 20 Min. backen — vegetarisch

Ergibt ca. 20 Stück

1	**Aubergine** (ca. 300 g)	Ofen auf 220 Grad vorheizen.
1 EL	**Olivenöl**	Aubergine in ca. 5 mm dicke Scheiben schneiden, auf ein mit Backpapier belegtes Blech legen, mit dem Öl beträufeln, salzen.
¼ TL	**Salz**	
		Backen: ca. 20 Min. in der Mitte des Ofens. Herausnehmen, etwas abkühlen.
1 EL	**Olivenöl**	Öl in einer Pfanne warm werden lassen. Erbsli andämpfen, Bouillon dazugiessen, offen ca. 5 Min. köcheln, pürieren, etwas abkühlen. Pfefferminze fein schneiden, daruntermischen, würzen. Erbslipüree auf den Auberginenscheiben verteilen. Feta fein zerbröckeln, darüberstreuen. Auberginen falten, mit Zahnstochern fixieren.
150 g	**tiefgekühlte Erbsli,** angetaut	
1½ dl	**Gemüsebouillon**	
2	**Zweiglein Pfefferminze**	
	Salz, Pfeffer, nach Bedarf	
50 g	**Feta**	

Stück: 29 kcal, F 2 g, Kh 1 g, E 1 g

TIPP

Variante

Statt Pfefferminze Petersilie oder Basilikum verwenden.

Lässt sich vorbereiten

Auberginen-Schiffchen ca. ½ Tag im Voraus zubereiten, zugedeckt im Kühlschrank aufbewahren.

Gefüllte Gurke mit Bresaola

15 Min. **glutenfrei**

Ergibt ca. 20 Stück

40 g	**Bresaola in Tranchen**
2	**Dörraprikosen**
3	**Zweiglein glattblättrige Petersilie**
2 EL	**Mandelstifte**
3 EL	**Doppelrahm-Frischkäse**
	Salz, Pfeffer, nach Bedarf
1	**Gurke**

Bresaola, Dörraprikosen und Petersilie fein schneide alles mit den Mandeln und dem Frischkäse mischen, würzen. Gurke längs halbieren, entkernen. Masse in di Gurkenhälften füllen, wieder aufeinanderlegen. Gurke in ca. 20 Stücke schneiden, mit Zahnstocher fixieren.

Stück: 19 kcal, F 1 g, Kh 1 g, E 1 g

TIPP

Variante

Statt Bresaola Schinken, Chorizo oder Dörrtomaten in Öl verwenden.

Lässt sich vorbereiten

Gefüllte Gurke ca. ½ Tag im Voraus zubereiten, zugedeckt im Kühlschrank aufbewahren.

Bündnerfleisch-Röllchen

10 Min. glutenfrei

Ergibt ca. 12 Stück

- **20 g Baumnusskerne**
- **20 g getrocknete Cranberrys**
- **1 Bund Schnittlauch**
- **200 g Doppelrahm-Frischkäse**
- **80 g Bündnerfleisch in Tranchen**

Baumnüsse und Cranberrys grob hacken, Schnittlauch fein schneiden, alles mit dem Frischkäse mischen. Bündnerfleisch auf die Arbeitsfläche legen, Frischkäsemasse darauf verteilen, aufrollen.

Stück: 88 kcal, F 7 g, Kh 2 g, E 5 g

TIPP

Variante

Statt Bündnerfleisch Rohschinken oder Kopfsalatblätter verwenden.

Lässt sich vorbereiten

Röllchen ca. ½ Tag im Voraus zubereiten, zugedeckt im Kühlschrank aufbewahren.

Club-Sandwich-Häppchen

10 Min.

Ergibt 18 Stück

6	**Scheiben Toastbrot**
1	**hart gekochtes Ei**
1 EL	**Joghurt nature**
1 TL	**grobkörniger Senf**
1 Prise	**Salz**
wenig	**Pfeffer**
80 g	**Halbhartkäse in Scheiben** (z. B. Cheddar)
einige	**Salatblätter** (z. B. Mini-Lattich)
50 g	**Hinterschinken in Tranchen**

Brote toasten. Ei schälen, grob hacken, mit dem Joghurt und dem Senf mischen, würzen. Käse auf zwei Toasts legen, die Hälfte der Eimasse darauf verteilen, je einen Toast darauflegen. Salat in Stücke zupfen, mit dem Schinken und der restlichen Eimasse darauf verteilen, mit den restlichen Toasts belegen, etwas andrücken. Je 9 Zahnstocher in die Club-Sandwiches stecken und in je 9 Häppchen schneiden.

Stück: 53 kcal, F 3 g, Kh 4 g, E 3 g

TIPP

Variante
Statt Halbhartkäse Weichkäse verwenden.

Lässt sich vorbereiten
Häppchen ca. ½ Tag im Voraus zubereiten, zugedeckt im Kühlschrank aufbewahren.

Mini-Pastetli al pomodoro

30 Min. **vegetarisch**

Ergibt 24 Stück

1 dl	**Vollrahm**	Rahm mit dem Mascarpone und dem Tomatenpüree steif schlagen, salzen. Basilikum fein schneiden, mit den Chiliflocken unter die Masse mischen. Masse in einen Einweg-Spritzsack füllen, ca. 15 Min. kühl stellen.
100 g	**Mascarpone**	
3 EL	**Tomatenpüree**	
¼ TL	**Salz**	
5	**Basilikumblätter**	
wenig	**Chiliflocken**	
24	**Mini-Pastetli** (ca. 160 g)	Vom Spritzsack eine ca. 1 cm grosse Spitze abschneiden. Mousse in die Pastetli spritzen. Tomaten vierteln, Pastetli damit garnieren.
6	**Cherry-Tomaten**	

Stück: 75 kcal, F 6 g, Kh 3 g, E 1 g

TIPP

Mini-Pastetli nach Belieben nach Angabe auf der Verpackung aufbacken. Vor dem Füllen etwas abkühlen.

Lässt sich vorbereiten

Tomatenmousse ca. ½ Tag im Voraus zubereiten, in den Spritzsack füllen, im Kühlschrank aufbewahren. Pastetli kurz vor dem Servieren füllen und garnieren.

Apéro auftischen

Bloss nicht zu perfekt: Ein Apéro ist ein gemütliches und unkompliziertes Beisammensein. Trauen Sie sich ruhig, Gläser, Schälchen, Platten und Besteck bunt zu mischen.

Apéro, gekonnt und ganz entspannt

Bleiben Sie entspannt!
Muten Sie sich und Ihren Gästen nicht zu viel Auswahl zu, ein bis zwei Rezepte genügen in der Regel, wenn Sie später noch ein Menü servieren. Wenn Sie zusätzlich noch etwas zum Knabbern anbieten, reicht das bestimmt.

Seien Sie souverän vorbereitet
Die meisten Rezepte in diesem Buch lassen sich prima vorbereiten. Während Sie allenfalls noch letzte Handgriffe in der Küche erledigen, stellen Sie Ihren Gäste schon einmal einige Chips oder Nüsse hin.

Kühlen Sie clever
Zum Kühlstellen platzieren Sie vorbereitete Häppchen dicht an dicht auf eckigen Schneidebrettern oder Blechen, das ist platzsparend. Kurz vor dem Servieren richten Sie Ihre Häppchen locker und hübsch auf Tellern oder Platten an.

Bunt, fröhlich und leicht
Viele Gäste schätzen nebst Gebäck auch leichtere Häppchen mit Gemüse und/oder Früchten. Diese bringen zudem Farbe in Ihren Apéro. Und Vegis freuen sich, wenn sie mit fleischlosen Alternativen verwöhnt werden.

Überraschungen sind schön …
… aber Ihre Gäste können ihren Hunger besser einteilen, wenn sie wissen, was sie erwartet. Sie müssen nicht alles verraten, aber ein Hinweis wie «Es gibt vier Häppchen, danach noch ein leichtes Menü mit drei Gängen» ist sicher hilfreich.

Hmm, was ist das wohl?
Lassen Sie Ihre Gäste nicht rätseln. Schreiben Sie geheimnisvolle Gerichte wie pürierte Suppen, Teigtaschen und Gipfeli an (Fleisch, Fisch, Vegi). Wenn Sie die Häppchen servieren, hilft ein kurzer Hinweis auf den Inhalt.

Apéro surprise
Falls Ihre Gäste fragen, ob Sie etwas mitbringen dürfen, nehmen Sie das Angebot an. Vielleicht geben Sie kleine Hinweise wie «Gern ein Apéro-Gebäck, etwas Gemüse mit Dip», oder Sie lassen sich einfach überraschen.

Was für wen?
Auf den nächsten Seiten zeigen wir Ihnen Ideen für spezielle Gäste und Gelegenheiten. Wählen Sie ein, zwei oder mehrere Gerichte aus und ergänzen Sie diese nach Lust und Laune. Lassen Sie sich inspirieren.

Was für wen?

Lassen Sie sich inspirieren von den Ideen auf den nächsten Seiten.

Beliebt bei Kindern

Mit diesen Lieblingen punkten Sie bei kleinen Gourmets garantiert. Und vielleicht bekommen auch die Grossen noch ein Stück – wenn sie schnell genug sind.

S. 14

S. 42

S. 66

S. 100

S. 146

S. 150

Ladies Night

Die besten Begleiter von Klatsch und Tratsch! Die Nachos krönen Ihren gemütlichen Serienabend, und bei den Feta-Spiessli dürfen Sie auch zugreifen, wenn die Bikini-Saison naht.

Männer-abend

Nach einem Umzug stärken die Hotdogs mit Sauerkraut oder die Fleischkäsebrote. Zum Fussball servieren Sie Nachos oder Köfte, nach dem Sport oder vor einem Grillabend den Gazpacho.

S. 18

S. 58

S. 126

S. 162

S. 200

S. 230

Vor einem Menü

Diese Häppchen regen den Appetit an und lassen noch reichlich Platz im Magen für ein feines Menü. Oder suchen Sie noch den perfekten Auftakt für Ihren Raclette- oder Fondue-Abend? Hier sind Sie goldrichtig.

Edel und elegant

Hier dürfen Sie feinste Raffinesse erwarten. Sie verbringen dennoch wenig Zeit in der Küche, dafür umso mehr mit Ihren Lieben. Zusammen geniessen Sie einen Apéro très chic.

S. 16

S. 26

S. 54

S. 118

S. 172

S. 234

Spontan und fix

Haben Sie spontane Freunde oder Nachbarn, die sich gern auch mal kurzfristig anmelden? Mit diesen leckeren Turbo-Häppchen sind Sie für jede Überraschung gewappnet.

S. 22

S. 30

S. 34

S. 52

S. 182

S. 202

Für Vegetarier

Aber nicht nur, wetten? Denn diese erfrischenden Köstlichkeiten schmecken auch Flexitarieren und Fleischtigern.

S. 10

S. 36

S. 48

S. 60

S. 72

S. 134

Apéro als Znacht

Sind Sie ein Häppchen-Fan? Dann servieren Sie doch statt eines Menüs einen Apéro dinatoire, hier ein Vorschlag, den Sie ganz nach Gusto variieren können.

S. 6

S. 44

S. 82

S. 116

S. 152

S. 242

Rezeptverzeichnis

Alphabetisch

A

B

C

D

Rezeptverzeichnis

O

P

Q

R

S

Rezeptverzeichnis

Stichwortverzeichnis

Hinweise

Alle Rezepte in diesem Buch sind, wo nicht anders vermerkt, für 4 Personen berechnet.

Massangaben

Alle in den Rezepten angegebenen Löffelmasse entsprechen dem Betty Bossi Messlöffel.

Ofentemperaturen

Gelten für das Backen mit Ober- und Unterhitze. Beim Backen mit Heissluft verringert sich die Back- bzw. Brattemperatur um ca. 20 Grad. Beachten Sie die Hinweise des Backofenherstellers.

Nährwertberechnung

Wenn für Bratbutter oder Öl zum portionenweisen Anbraten in den Zutaten keine Menge angegeben ist, gehen wir von ½ EL pro Portion aus. Die Angabe dient zur Berechnung der Nährwerte. Nur wenn Alkohol in einem Rezept vollständig eingekocht wird, enthält er keine Kalorien mehr. Wird er zur Hälfte eingekocht, enthält er die Hälfte an Kalorien, ansonsten wird er voll berechnet.

Quellennachweis

Das im Buch abgebildete Geschirr und Besteck sowie die Dekorationen stammen aus Privatbesitz.

Apéro & Fingerfood

288 Seiten

Servieren Sie Ihren Lieben zum Apéro herrliche Knabbereien, Spiessli mit Dips, Feines im Glas oder Schälchen, vielfältiges Apéro-Gebäck und überraschende Häppchen.

→ Art. 27122.998

Fruchtige Tiramisu

Viele neue Tiramisu-Rezepte für jede Saison: mit farbenfrohen Früchten und feinsten Aromen, schnellen, einfachen Ideen und edlen Varianten mit Wow-Effekt.

→ Art. 27120.998

Die beliebtesten 50 Rezepte

Die Top-50-Rezepte von Betty Bossi: Diese Lieblingsrezepte werden am meisten gesucht und gekocht: von A wie Älplermagronen bis Z wie Zopf. Glänzende Augen garantiert!

→ Art. 27136.998

Brot & Brötchen

288 Seiten

Der einfachste Weg zum perfekten Brot! Ausführliche Brotbackschule und 100 Rezepte für knuspriges Brot, duftende Brötchen, Sonntagszopf, Vollkorn- und Sauerteigbrote.

→ Art. 27118.998

Gesund & schlank Band 6

288 Seiten

Abnehmen mit Low Carb, genussvoll, alltagstauglich und abwechslungsreich: 3-Wochen-Programm, Quick Lunches, 50 Lieblingsrezepte und praktischer Ratgeberteil.

→ Art. 27116.998

Heute kocht mein Ofen

288 Seiten

Das Kochen im Ofen ist praktisch, schnell vorbereitet und ganz entspannt. Ob für Familie, Freunde oder Gäste. Ideen für jede Gelegenheit rund ums Jahr.

→ Art. 27112.998

Getränkte Kuchen

Herrlich feuchte Kuchen: Bunt getränkt mit frischfruchtigen Aromen, cremige Schokoladenträume zum Dahinschmelzen und saftige Minis für den Gluscht.

→ Art. 27114.998

Restenlos geniessen

320 Seiten

355 clevere Tipps und viele feine Rezepte gegen Food Waste zu Hause. Kosten Sie ab sofort Ihre Lebensmittel restlos und genüsslich aus – bis zum letzten Krümel.

→ Art. 27110.998

Gesund & schlank Band 5

320 Seiten

Abnehmen mit einheimischen super Foods. 3 Menüpläne für je 2 Wochen: Low Carb, balanced, vegi, mit 6 Kurzprogrammen und Ratgeberteil für mehr Energie und Lebensfreude.

→ Art. 27108.998

Zart gegart

320 Seiten

Kalb, Rind, Schwein, Lamm, Geflügel und Fisch: so zart und saftig! Niedergaren, Sous-vide und 120-Grad-Methode für edle und preiswerte Stücke mit Beilagen und Saucen.

→ Art. 27104.998

Fruchtig-süsse Wähen

Überraschende Kreationen: fruchtig süsse Wähen mit cremigem Guss, knusprigem Teig und vielen frischen Früchten für alle Jahreszeiten. Genuss pur.

→ Art. 27102.998

Gemüselust

320 Seiten

Die neue, kreative Gemüseküche: eine Schlemmerreise durch alle Jahreszeiten mit farbenfrohen, gesunden und leckeren Gemüsegerichten – mit und ohne Fleisch.

→ Art. 27100.998

Gesund & schlank Band 4

320 Seiten

Mit unserem Menüplan spielend 3 kg in nur 3 Wochen verlieren, sich dabei satt und vital fühlen. Dazu viele neue Rezepte mit Superfoods für weiteren Gewichtsverlust.

→ Art. 27098.998

Pasta

320 Seiten

Pasta, von einfach bis luxuriös: One Pot Pasta, 60 schnelle Pastasaucen, tolle Pastagerichte, heiss Geliebtes aus dem Ofen und Pasta deluxe für Verwöhnmomente.

→ Art. 27096.998

Blechkuchen & Brownies

Schnell den perfekten Kuchen für eine Party backen? Hier finden Sie die beliebtesten Blechkuchen, unwiderstehliche Tartes, die besten Cheesecakes und Brownies.

→ Art. 27094.998

Gesund & schlank Band 3

320 Seiten

Gesunde Rezepte zum Abnehmen, in nur 30 Minuten servierbereit. Dank individueller Menükombination (Low-Carb, ausbalanciert oder vegetarisch) genussvoll abnehmen.

→ Art. 27092.998

Herzlich eingeladen

320 Seiten

Fingerfood, Vorspeisen, Hauptgerichte und Desserts – von unkompliziert bis gediegen. Viele Tipps und Tricks zum Vorbereiten und auch für vegetarische Varianten.

→ Art. 27090.998

Schnell & einfach

224 Seiten

100 Lieblingsrezepte aus der Betty Bossi Zeitung. Die «schnell & einfach» -Rezepte sind in nur 30 Minuten zubereitet. 25 schnelle und feine Ideen für jede Jahreszeit.

→ Art. 27088.998

Luftig leichte Desserts

Wunderbar leichte Dessertideen für jede Jahreszeit: samtige Cremen, luftige Mousses, Panna cotta, Puddings und Glacen zum Dahinschmelzen. Mit vielen Deko-Tipps.

→ Art. 27082.998

Gesund kochen

Gut erhältliche Zutaten und schnelle Rezepte für viel ausgewogenen Genuss, auch im hektischen Alltag. Dazu praxisorientierte Tipps für einen gesunden Familienalltag.

→ Art. 27080.998

Die neue Fleischküche

320 Seiten

Das Standard-Werk mit vielen neuen Rezepten, bekannten und neuen Techniken: Schmoren, Niedergaren oder Braten, Räuchern, Garen in der Salzkruste oder im Heu, Confieren und Sous-vide.

→ Art. 27078.998

Gesund & schlank Band 2

320 Seiten

Band 2 mit 320 Seiten bietet über 150 neue Rezepte zum Abnehmen mit Genuss: Frühstück, Lunch, Nachtessen und Desserts – für alle Jahreszeiten. Zusätzliche Unterstützung bietet der hilfreiche Ratgeberteil.

→ Art. 27076.998

Kuchenduft

320 Seiten

Viele neue Rezepte für alle Jahreszeiten, jede Gelegenheit und jedes Talent: wunderbare Kuchen, Cakes und Torten. Dazu inspirierende Dekorationsideen und viele Tipps und Tricks, damit Ihre Kunstwerke sicher gelingen.

→ Art. 27074.998

Lustvoll vegetarisch

320 Seiten

Heute kochen namhafte Köche fleischlose Gerichte auf höchstem Niveau – mit grossem Erfolg. Auch privat geniessen immer mehr Leute vegetarisch. Höchste Zeit also für ein umfangreiches Buch voller köstlicher Vegi-Ideen.

→ Art. 27072.998

Lust auf Wurst

Herrliche Gerichte mit Schweizer Würsten in vier Kapiteln: Fingerfood & Vorspeisen, Nostalgiegerichte, regionale Spezialitäten und deftig & wärmend. Dazu viele Tipps und Tricks rund um die Wurst.

→ Art. 27070.998

Echt italienisch

320 Seiten

Wir laden Sie ein zu einer kulinarischen Italienreise durch alle Regionen unseres südlichen Nachbarlandes. Es gibt neben heiss geliebten Traditionsrezepten auch viel Neues zu entdecken! Mediterrane Küche zum Schwelgen.

→ Art. 27068.998

Gesund & schlank Band 1

Mit Genuss essen, satt werden und dabei erst noch gesund abnehmen. Mit feinen und ausgewogenen Rezepten zum persönlichen Wohlfühlgewicht. Zusätzliche Unterstützung bietet der hilfreiche Ratgeberteil.

→ Art. 27064.998

Gratins & ...

Lust auf einen heissen Flirt? Dann aufgepasst: Diese Gratins und Aufläufe verführen Sie nach allen Regeln der Kunst. Die Kapitel: die Schnellen, die Leichten, zum Vorbereiten, die Edlen (für Gäste) und Fixes vom Blech.

→ Art. 27060.998

Brunch

Tolle Ideen für Ihren Brunch: kleine Delikatessen im Glas, knuspriges, süsses und pikantes Gebäck. Dazu überraschende Ideen rund um Brot und Ei. Dann das süsse Finale für alle Naschkatzen und Desserttiger.

→ Art. 27058.998

Festtage zum Geniessen

Mit diesen Hitrezepten wird Weihnachten, Silvester und jeder andere Feiertag zum kulinarischen Fest – für alle. Mit der richtigen Rezeptauswahl geniessen auch die Gastgeber in brillanter und entspannter Festtagslaune.

→ Art. 27056.998

Einfach asiatisch

320 Seiten

Die beliebtesten Gerichte und Neuentdeckungen aus den beliebtesten asiatischen Ländern: Thailand, Vietnam, China, Japan, Indonesien, Malaysia und Indien. Die Rezepte sind einfach nachzukochen, leicht und gesund.

→ Art. 27054.998

Fisch und Meeresfrüchte

Gesund, leicht, raffiniert und vielseitig: neue, köstliche Rezepte für Vorspeisen, Suppen, Salate und Hauptgerichte. Dazu einige superschnelle Kreationen sowie Tipps für nachhaltigen Fischgenuss.

→ Art. 27050.998

Schwiizer Chuchi

320 Seiten

Traditionsreiche Klassiker, neue, marktfrische Küche mit einheimischen Zutaten. Dazu Klassiker, neu interpretiert: aus denselben Zutaten ist ein neues Gericht entstanden, aber immer noch «ächt schwiizerisch».

→ Art. 27046.998

Plätzli & Steaks

Suchen Sie Alternativen zum ewigen Schnipo? Voilà: jede Menge Abwechslung und kreative Ideen, dazu viele neue Saucen. Wir haben Plätzli und Steaks gefüllt und umhüllt, aufgespiesst und gerollt. Dazu feine «Plätzli»-Ideen für Vegis.

→ Art. 27044.998

Kartoffeln

Viele neue Rezepte mit der Wunderknolle, schnell, einfach und dennoch raffiniert: aromatische Hauptgerichte, feine Beilagen, knackige Salate und schnelle Suppen. Dazu wie immer wertvolle Tipps rund um die Kartoffel.

→ Art. 27042.998

Schnelle Vorspeisen, Häppchen & Tapas

Feines zum Aperitif, raffinierte Vorspeisen und Salate zum Brillieren, Knuspriges aus dem Ofen und herrliche Tapas. Alle Rezepte sind schnell und einfach, dennoch mit einer Prise Glamour. Dazu viele Tipps rund ums Anrichten und Garnieren.

→ Art. 27038.998

Wähen, Pizzas, Flammkuchen

Super Rezepte und Tipps für schnelle Wähen, süss und pikant, klassisch und überraschend neu. Dazu die besten Rezepte für Pizza, Focaccia und raffinierte Flammkuchen. Sie entscheiden: Teig selber machen oder kaufen.

→ Art. 27036.998

Neue Gemüseküche

Bunt, gesund und kreativ: neue, einfache Rezepte mit einheimischem Gemüse, speziell für den Alltag geeignet. Beilagen, leichte Vorspeisen, feine Salate und unkomplizierte Hauptgerichte. Mit cleveren Tipps und einer Saisontabelle.

→ Art. 27034.998

Backen in der Weihnachtszeit

Neue Ideen für eine stimmungsvolle Adventszeit: 35 Sorten schnelle, einfache und traditionelle Guetzli, weihnachtliche Gugelhöpfe, Glühwein-Mini-Savarins, Stollen, Lebkuchen, Biberli, Birnenweggen, Grittibenzen und Dreikönigskuchen.

→ Art. 27028.998

Gschnätzlets & Ghackets

Schnell, gut, günstig: kleine Mahlzeiten, Vorspeisen, Pasta-Saucen, Eintöpfe, Gerichte aus dem Ofen, Gschnätzlets und Ghackets mit feinen Saucen, Hamburger- und Tatar-Variationen. Dazu Tipps und eine Pannenhilfe für Saucen.

→ Art. 27026.998

Wunderbar haltbar

Konfitüren, Gelees, Sirup, Feines in Essig und Öl, Dörrfrüchte, hausgemachte Bouillon – alles ganz natürlich und selbstgemacht. Dazu schnelle Rezepte mit den selbstgemachten Delikatessen und viele Tipps für sicheres Gelingen.

→ Art. 27024.998

Das grosse Betty Bossi Kochbuch **480 Seiten**

Das Basiskochbuch darf in keiner Küche fehlen. Es ist Nachschlagewerk und Inspirationsquelle für alle, vom Einsteiger bis zum Kochprofi, mit allen Grundrezepten samt Varianten, über 600 Bildern und noch mehr Tipps.

→ Art. 27018.998

Niedergaren – leicht gemacht

Zarter und saftiger kann Fleisch nicht sein! Die besten Stücke von Rind, Kalb, Schwein, Lamm, Kaninchen, Reh und Geflügel. Dazu 65 neue, raffinierte Saucen, viele Marinaden, Tipps und Tricks unserer Profis.

→ Art. 27010.998

Das neue Salatbuch

Für Salatgenuss rund ums Jahr: raffinierte Vorspeisen, leichte Hauptgerichte und schnelle Beilagen. Dazu 3 Salat-Buffets mit Vorbereitungstipps, über 70 Salatsaucen sowie wertvolle Informationen rund um den Salat.

→ Art. 27000.998

Desserts für alle

Raffinierte Desserts zum Verlieben! Cremen, Sorbets, Törtchen und vieles mehr! Hier kommen Dessert-Fans ins Schwärmen. Süsses, mal luftig, mal eisig, auch knusprig oder fruchtig frisch. Diese Gaumenfreuden krönen jedes feine Essen.

→ Art. 20938.998

Das andere Grillierbuch

Milde und pikante Marinaden, Geflügel, Fisch oder Fleisch, feines Gemüse, aromatische Früchte und raffinierte Beilagen. Rezepte für den Grill, aber auch für Backofen oder Grillpfanne. Dazu Tipps und Tricks rund um Feuer und Glut.

→ Art. 20904.998

Das neue Guetzlibuch

Klassische Weihnachtsguetzli mit neuen Kreationen und die feinsten Schoggiguetzli zum Verwöhnen. Köstliche Guetzli, schnell gemacht, und eine Auswahl der besten Vollkornguetzli. Dazu Ideen für hübsche Verpackungen.

→ Art. 20902.998

Betty Bossi Backbuch

Schweizer Klassiker, die jeder liebt sowie bewährte Erfolgsrezepte zu Torten und Kuchen aller Art. Dazu weitere gluschtige Rezepte und Tipps rund um den Backofen. Das beliebte Backbuch sollte in keinem Haushalt fehlen.

→ Art. 20003.998

Weitere Betty Bossi Vorteile

Betty Bossi Zeitung

- → 10 × jährlich
- → Zeitung – mit Rezepten, die sicher gelingen!
- → Neue Bücher und Spezial-Angebote – zum Abonnenten-Vorzugs-Preis!
- → Ihre Betty Bossi Kochbücher sind jederzeit ONLINE abrufbar.

Bestellen Sie mit der nachfolgenden Bestell-Karte oder unter **bettybossi.ch**

Betty Bossi online

- → 24 Stunden für Sie da!
- → Alle Neuigkeiten auf einen Blick
- → Einfache Navigation
- → Schnelle Bestellung
- → Kostenloser Newsletter
- → Noch mehr Rezepte und wertvolle Tipps

bettybossi.ch

Betty Bossi Spezial-Angebote

- → Von Betty Bossi erprobt, von Betty Bossi empfohlen!
- → Clevere Helfer für Küche und Haushalt
- → Innovative Eigenentwicklungen

Bestellen Sie unter **bettybossi.ch**

Bestell-Karte
Betty Bossi Print & Digital

Ihre Abo-Vorteile

- 10 Ausgaben mit beliebten saisonalen Rezepten, die sicher gelingen!
- Betty Bossi App mit täglichen Inspirationen und allen Rezepten aus der Zeitung.
- Clevere Betty Bossi Produkte zum exklusiven Vorzugspreis für Abonnenten.
- Gratis-Zugriff auf die digitalen Versionen aller bei uns gekauften Betty Bossi Bücher.

☐ **Ja, ich bestelle ein Jahres-Abo Betty Bossi Print & Digital**
(10 Ausgaben) für nur Fr. 29.90*

Gewünschte Sprache

☐ deutsche Ausgabe (6510000.998)

☐ französische Ausgabe (6520000.998)

Die Rechnung geht an ☐ Frau ☐ Herr

Name

Vorname

Strasse

PLZ/Ort

* Jahres-Abo: Preis Inland: Fr. 29.90, Preis Ausland: Fr. 38.–.
Preisänderungen vorbehalten.

Bestell-Karte
Geschenk-Abo

Und so einfach gehts

1. Bestell-Karte vollständig ausfüllen und an uns senden.
2. Sie erhalten mit der Rechnung eine Geschenk-Karte, mit der Sie die beschenkte Person persönlich informieren können.

☐ **Ja, ich bestelle ein Geschenk-Jahres-Abo Betty Bossi Print & Digital**
(10 Ausgaben) für nur Fr. 29.90*

Gewünschte Sprache

☐ deutsche Ausgabe (6510000.998)

☐ französische Ausgabe (6520000.998)

Das Abo ist für ☐ Frau ☐ Herr

Name

Vorname

Strasse

PLZ/Ort

Die Rechnung geht an ☐ Frau ☐ Herr

Name

Vorname

Strasse

PLZ/Ort

* Jahres-Abo: Preis Inland: Fr. 29.90, Preis Ausland: Fr. 38.–.
Preisänderungen vorbehalten.

Betty Bossi

Bitte frankieren

Bitte senden Sie mir weitere Bestell-Karten zu.

Anzahl: ______

Betty Bossi
Postfach
8902 Urdorf
Schweiz

Betty Bossi

Bitte frankieren

Bitte senden Sie mir weitere Bestell-Karten zu.

Anzahl: ______

Betty Bossi
Postfach
8902 Urdorf
Schweiz

Bestell-Karte für Betty Bossi Kochbücher

2019100

Anzahl		Artikel	Preis*
	Apéro & Fingerfood	27122.998	Fr. 36.95
	Backen in der Weihnachtszeit	27028.998	Fr. 21.95
	Betty Bossi Backbuch	20003.998	Fr. 21.95
	Blechkuchen & Brownies	27094.998	Fr. 21.95
	Brot & Brötchen	27118.998	Fr. 36.95
	Brunch	27058.998	Fr. 21.95
	Das andere Grillierbuch	20904.998	Fr. 21.95
	Das grosse Betty Bossi Kochbuch	27018.998	Fr. 49.95
	Das grosse Dessertbuch	27128.998	Fr. 36.95
	Das neue Guetzlibuch	20902.998	Fr. 21.95
	Das neue Salatbuch	27000.998	Fr. 21.95
	Die beliebtesten 50 Rezepte	27136.998	Fr. 17.95
	Die neue Fleischküche	27078.998	Fr. 36.95
	Echt italienisch	27068.998	Fr. 36.95
	Einfach asiatisch	27054.998	Fr. 36.95
	Festtage zum Geniessen	27056.998	Fr. 21.95

Anzahl		Artikel	Preis*
	Fisch und Meeresfrüchte	27050.998	Fr. 21.95
	Fruchtig-süsse Wähen	27102.998	Fr. 21.95
	Fruchtige Tiramisu	27120.998	Fr. 21.95
	Gemüselust	27100.998	Fr. 36.95
	Gesund & schlank Band 1	27064.998	Fr. 21.95
	Gesund & schlank Band 2	27076.998	Fr. 36.95
	Gesund & schlank Band 3	27092.998	Fr. 36.95
	Gesund & schlank Band 4	27098.998	Fr. 36.95
	Gesund & schlank Band 5	27108.998	Fr. 36.95
	Gesund & schlank Band 6	27116.998	Fr. 36.95
	Gesund & schlank Band 7	27132.998	Fr. 36.95
	Gesund kochen	27080.998	Fr. 21.95
	Getränkte Kuchen	27114.998	Fr. 21.95
	Gratins & ...	27060.998	Fr. 21.95
	Gschnätzlets & Ghackets	27026.998	Fr. 21.95
	Herzlich eingeladen	27090.998	Fr. 36.95

Anzahl		Artikel	Preis*
	Heute kocht mein Ofen	27112.998	Fr. 36.95
	Kuchenduft	27074.998	Fr. 36.95
	Lava Cakes	27138.998	Fr. 21.95
	Luftig leichte Desserts	27082.998	Fr. 21.95
	Lust auf Wurst	27070.998	Fr. 16.95
	Lustvoll vegetarisch	27072.998	Fr. 36.95
	Neue Gemüseküche	27034.998	Fr. 21.95
	Niedergaren – leicht gemacht	27010.998	Fr. 21.95
	Pasta	27096.998	Fr. 36.95
	Plätzli & Steaks	27044.998	Fr. 21.95
	Restenlos geniessen	27110.998	Fr. 36.95
	Schnell & einfach	27088.998	Fr. 21.95
	Schnelle Vorspeisen, Häppchen & Tapas	27038.998	Fr. 21.95
	Schwiizer Chuchi	27046.998	Fr. 36.95
	The Swiss Cookbook	27048.998	Fr. 36.95
	Wähen, Pizzas, Flammkuchen	27036.998	Fr. 21.95
	Zart gegart	27104.998	Fr. 36.95

Die Rechnung geht an Frau Herr

Kundennummer

Name

Vorname

Strasse

PLZ/Ort

*Preisänderung vorbehalten, zzgl. Versandkosten

Betty Bossi

Bitte frankieren

Bitte senden Sie mir weitere Bestell-Karten zu.

Anzahl: ______

Betty Bossi
Postfach
8902 Urdorf
Schweiz